# 认知偏差

## 提高自我洞察力的 **86**个心理学知识

相文娣 著

中国纺织出版社有限公司

## 内容提要

每个人都倾向于认为自己是理性的、睿智的，无论处在什么样的情境下，都可以作出正确的、有利于自身的决策。遗憾的是，我们并没有自己想象的那么理性，即使是聪明人也会不可避免地做出愚蠢的行为，这与智力无关，而是人类对世界的认知存在偏差。

本书揭示了生活中常见的认知偏差现象，旨在提醒读者，认知偏差是大脑试图"走捷径"，简化信息处理的结果，是与生俱来的本能，我们不必因为说过蠢话、做过蠢事而自贬，也不必因为他人无心的蠢行而耿耿于怀。我们需要正确看待愚蠢，更要敢于承认自己的无知，舍弃无意义的傲慢，保持开放的心态，这是减少和规避认知偏差的唯一途径；千万不要自以为聪明，固执己见，那才是真正的愚蠢。

### 图书在版编目（CIP）数据

认知偏差：提高自我洞察力的86个心理学知识 / 相文娣著. -- 北京：中国纺织出版社有限公司，2025.7.
ISBN 978-7-5229-2443-4

Ⅰ. B84

中国国家版本馆CIP数据核字第20254HS812号

---

责任编辑：郝珊珊　刘梦宇　　　　责任校对：高　涵
责任印制：储志伟

---

中国纺织出版社有限公司出版发行
地址：北京市朝阳区百子湾东里A407号楼　邮政编码：100124
销售电话：010—67004422　传真：010—87155801
http://www.c-textilep.com
中国纺织出版社天猫旗舰店
官方微博 http://weibo.com/2119887771
鸿博睿特（天津）印刷科技有限公司印刷　各地新华书店经销
2025年7月第1版第1次印刷
开本：710×1000　1/16　印张：13
字数：163千字　定价：59.80元

凡购本书，如有缺页、倒页、脱页，由本社图书营销中心调换

# 前 言
PREFACE

作为一位心理学领域的探索者，我深知每个人都是自我认知旅途中的行者，时而步履蹒跚，时而迷失方向，但也正是这些曲折与坎坷，构成了我们独特的成长轨迹。

提及成长，你可能会想到年龄的增加、阅历的丰富、知识的积累。没错，这些都是成长的一部分，但它们无法确保你成为一个理性的人，也无法确保你不会作出错误的决策。即使你有着超过常人的智力，即使你在专业领域有着瞩目的成就，也难以保证在任何情境下都能作出理性的选择。因为智力和经验无法帮助我们跨越认知偏差。

人类的思维比其他任何动物的思维都更广、更强大，但人类的大脑并没有想象中那么完美和靠谱，在面临复杂的情境时，它经常会偷懒、简化处理信息，将现实世界的图景扭曲、删减。无论我们多么聪明、多么谨慎，都可能在某个瞬间，被自己的认知偏差所欺骗。

当我们被认知偏差蒙蔽，无法清晰地洞察事物本质时，常常会做出一些蠢事。但是，我们不能就此将认知偏差视为敌人，从某种意义上说，它是我们内心世界的真实写照，揭示了我们在面对复杂信息时，如何受到自身经验、情感、价值观以及社会环境等多重因素的影响，从而产生非理性的判断与行为。

我们无法完全消除认知偏差，但是可以跟它和平共处，利用它来增强我们的认知能力，提高决策水平。书中的86个心理学知识，是我从浩瀚的心理学海洋中精心挑选的"珍珠"，诚邀读者朋友与我一起踏上揭开认知偏差神秘面纱的旅程，深入探索其背后的心理学原理，以及它如何在我们的日常生活中发挥作用。

真心希望这本书可以成为一把钥匙，打开通往更加理性、智慧生活的大门，帮助更多的朋友提升自我洞察力，掌握正确思考与决策的方法。尽管探索认知偏差的旅程充满了挑战，但请相信，当你敢于正视自己的无知，勇于承认自己的不足时，你就已经站在了一个全新的高度！

相文娣

2024 年夏末

# 目 录
CONTENTS

**CHAPTER 1** **为什么不要轻信自己？**
我们经常会被大脑欺骗 ▶ **001**

- 01 人类思考时，上帝在笑什么？ ……………………… 002
- 02 是鸭是兔？傻傻分不清楚！ ……………………… 004
- 03 不可能吧！我怎么没看见？ ……………………… 007
- 04 走路看手机，谁还在玩儿命？ ……………………… 010
- 05 愚弄大脑只需要一只橡胶手 ……………………… 012
- 06 想靠看美剧练听力，省省吧！ ……………………… 014
- 07 似曾相识，八成都是不相识 ……………………… 016
- 08 你回忆的童年故事是真的吗？ ……………………… 018
- 09 给一点暗示，记忆就会"劈叉" ……………………… 020
- 10 不用记，这些东西网上都有！ ……………………… 022
- 11 拆穿"玫瑰色回忆"的假象 ……………………… 024
- 12 我们都是好了伤疤忘了疼 ……………………… 026
- 13 葡萄是酸的，柠檬是甜的 ……………………… 028
- 14 难过时能想起开心的事吗？ ……………………… 030
- 15 失恋的人总说不会再爱了 ……………………… 032
- 16 你可能并不是真的"丧" ……………………… 034
- 17 心动的感觉不都是爱情 ……………………… 036
- 18 眼不见为净，耳不听为清？ ……………………… 038

认知偏差
提高自我洞察力的86个心理学知识

**CHAPTER 2** 认知觉醒的第一步是什么？
承认无知是智慧的开始   ▶ **041**

- ⑲ 为什么越无知的人越狂妄？······ 042
- ⑳ 高智商能"中和"愚蠢吗？······ 044
- ㉑ 汽车比飞机更安全吗？······ 047
- ㉒ 颜色朴素的蘑菇没有剧毒？······ 049
- ㉓ 人们经常会好心办错事······ 051
- ㉔ 是什么成就了江湖骗子？······ 053
- ㉕ 亲自买的彩票更容易中奖？······ 055
- ㉖ 每个人都是"事后诸葛亮"······ 057
- ㉗ 为何计划总是赶不上变化？······ 059
- ㉘ "连这都不知道？"这句话很蠢！······ 061
- ㉙ 你为零风险花了多少钱？······ 064
- ㉚ 本命年穿红袜子能避祸吗？······ 066
- ㉛ 宁可撑着也要把东西吃完······ 067
- ㉜ 真的是苍蝇不叮无缝蛋吗？······ 069

**CHAPTER 3** 你以为的你是真实的你吗？
人对自我的知觉并不准确   ▶ **073**

- ㉝ 谁能比我更了解我自己？······ 074
- ㉞ 为什么做贼之后会心虚？······ 076
- ㉟ 换作别人也会这么想？······ 078
- ㊱ 你真有那么与众不同吗？······ 080

㊲ 成功全靠努力，失败全怪运气…………………………… 081
㊳ 你是一个有主见的人吗?………………………………… 083
㊴ 那是你自己的真实看法吗?……………………………… 085
㊵ 你不是那块料？别自欺欺人了!………………………… 087
㊶ 亲手毁了机遇，你在做什么?…………………………… 090
㊷ 永远都是我一个人在忙!………………………………… 092
㊸ 错不在我，是他们逼我的!……………………………… 094
㊹ 每个人都不觉得自己有偏见……………………………… 097
㊺ 为何人们不愿去看心理医生?…………………………… 099
㊻ 你眼中的别人才是真正的你……………………………… 101

CHAPTER 4

## 为什么我们经常看走眼?
### 社会知觉偏差带来的误判　▶ 103

㊼ "杀猪盘"如何骗人入坑?……………………………… 104
㊽ 以前不知道，他竟如此卑鄙!…………………………… 106
㊾ 为什么人们习惯以貌取人?……………………………… 108
㊿ 他怎么和我印象中不一样了?…………………………… 111
51 有些好感只是因为熟悉…………………………………… 112
52 我们都是鄙视链中的一员………………………………… 114
53 O型血的人一定不拘小节?……………………………… 116
54 开得真慢，肯定是女司机!……………………………… 118
55 一个黑人之死引发的骚乱………………………………… 120
56 人会被爱蒙蔽双眼和理智………………………………… 123

认知偏差
提高自我洞察力的 86 个心理学知识

## CHAPTER 5　为什么有些人你劝不动？
### 人只相信自己愿意相信的　▶ 125

- 57　在相信错误的路上越走越远 …………………… 126
- 58　你说的都对，可你说服不了我 ………………… 129
- 59　越不许做什么，就偏要做什么 ………………… 131
- 60　多年的朋友怎么可能骗我？ …………………… 133
- 61　一切都好好的，哪有危险？ …………………… 135
- 62　为什么赌徒总是输光才走？ …………………… 138
- 63　你说的情况，只是一个例外 …………………… 140
- 64　辟谣总是让人更坚信谣言 ……………………… 142

## CHAPTER 6　是什么在悄悄掏空你的钱包？
### 被认知偏差偷走的消费理智　▶ 145

- 65　穿这套衣服，搭配什么鞋呢？ ………………… 146
- 66　有选择是好的，选择太多就不好了 …………… 149
- 67　你觉得便宜，不一定是真便宜 ………………… 152
- 68　7 天免费试用，用完之后呢？ ………………… 154
- 69　最后一天特惠，错过就没有了！ ……………… 156
- 70　破除"物以稀为贵"的执念 …………………… 158
- 71　为什么你花的钱总是超出预算？ ……………… 160
- 72　想卖东西给你的人，从来只说东西好 ………… 163
- 73　威逼利诱面前，你心动了吗？ ………………… 166
- 74　我们总是过分高估自己的心血 ………………… 169

目 录

75 为什么意外之财经常被挥霍? ……………………………… 171

## CHAPTER 7 你被错误的逻辑带偏了吗?
### 警惕容易被忽略的思维陷阱　▶ **173**

76 挂上了鸟笼,就一定要养鸟吗? ……………………………… 174
77 经验是强大的老师,直到它变得不可靠 …………………… 176
78 抽细烟变瘦的错觉是怎么来的? …………………………… 178
79 你认为是这样,就是这样吗? ……………………………… 180
80 上不了好学校,这辈子就毁了? …………………………… 183
81 至尊宝的深情告白骗了多少人? …………………………… 186
82 有数据证明,怎么可能是假的? …………………………… 188
83 如此狂妄之士,能有什么才华? …………………………… 191
84 为什么又变成了原来的样子? ……………………………… 193
85 这件事真的只有两种选择吗? ……………………………… 195
86 从来如此,便是对的吗? …………………………………… 197

CHAPTER 1

# 为什么不要轻信自己?

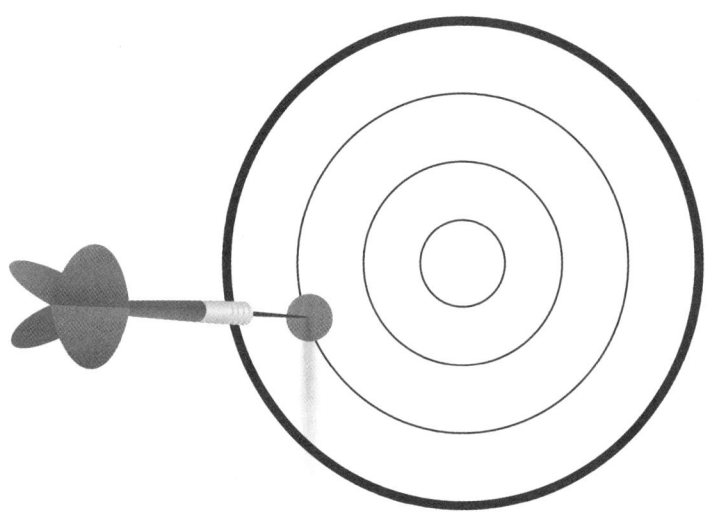

我们经常会被大脑欺骗

# 01 人类思考时，上帝在笑什么？

> **认知偏差** ｜ 人们在知觉自身、他人和外部环境时，由于自身或情境的因素，常常出现知觉结果失真的现象。

"人类一思考，上帝就发笑"，第一次听到这句谚语时，我并不太理解：善于思考不是好事吗？为什么上帝要笑？他是欣喜于人类的善思，还是在嘲笑人类的愚蠢？照此说来，当我在思索"上帝之笑是何意"时，他应该也在笑吧？

上帝到底在笑什么呢？

时隔多年，我才慢慢理解，这句话意在揭示人类思考的局限性，同时也在提醒我们应保持谦逊与敬畏之心，不要过分高估和轻信自己觉知到的事物或想法，否则就会掉进认知偏差的陷阱。

大脑没有我们想象中那么完美和靠谱，在面临复杂情境时，它经常会偷懒，简化处理信息，让我们对事物的感知和判断产生偏差。

脑科学家认为，大脑的惰性是进化保留下来的生存机制，为了减轻处理信息的负担，节约能量以防不测，它倾向于固定化的处理模式，自动简化复杂的信息；在某些情况下，大脑还会通过自我欺骗来保护我们免受负面情绪的影响。

## CHAPTER 1
### 为什么不要轻信自己？

大脑通过认知过滤器对外部的信息进行筛选和处理，这些认知过滤器包括个人信念、经验、价值观和偏见等。每个人都有自己独特的认知方式，但认知受主观因素的影响，往往会将信息过滤、选择性地接收，并根据自己的经验和信念进行解读，无法全面地反映现实。

在现实生活中，每个人都要依赖自身的认知作出决策，同时又必须接受认知偏差对决策结果产生的影响，这是一项相当艰难的挑战。当我们认识到了这一点，再回看"人类一思考，上帝就发笑"时，可能会有更深一层的理解：上帝的"笑"不能以单一的概念去诠释，对于自以为是、固执己见者，他发出的可能是冷笑或讥笑；对于善于自省、不断自新的人，他发出的可能是赞许或会心之笑。

我们无法完全消除认知偏差，面对这个经常把人推向冲动与误判的家伙，我们能够做的就是敢于承认自己的无知，摒弃无意义的傲慢，保持开放的心态，培养批判性思维和独立思考的能力，尽可能从不同的角度去分析问题，减少主观因素对决策的影响；千万不要自以为是，否则嘲笑你的就不只是上帝了。

# 02 是鸭是兔？傻傻分不清楚！

> **错觉** | 错觉是在特定条件下产生的对客观事物的扭曲知觉。

鸭子和兔子是两种完全不同的动物，幼儿园的孩子也可以轻易辨别出来，很少有人会犯"指鸭为兔"的错误。可是，看完下面这张图之后，很多人却发现，自己"傻傻分不清楚"。

（鸭兔图，美国心理学家约瑟夫·贾斯特罗绘制）

说一说，你看到的是什么？是一只脸朝左的鸭子，还是一只脸朝右的兔子？

两个答案都没错，因为这是一种可以用两种视角看的图形，也称为反转图形。当我们把左边的部分看成"鸭嘴"时，把它看作"兔耳"的视角就暂时消失了,我们可以交替地看到兔子、鸭子、兔子,却无法同时看到兔子和鸭子。

到底是什么决定了我们的视角呢?

心理学家在不同时节向儿童展示鸭兔图,结果显示:在4月复活节之际展示该图时,大多数儿童认为其是兔子;在10月展示该图时,大多数儿童认为其是鸭子或鸟。❶

在另外一项实验中,心理学家将两张鸭兔图并排展示给受试者,结果显示:只有2.3%的人自发地认为其中一张图是兔子,另一张图是鸭子。当研究员暗示受试者这样做时,这一比例提升到了61.9%;当研究员给出更明确的提示——"鸭子要吃掉兔子"时,有86.6%的受试者可以同时看到鸭子和兔子。❷

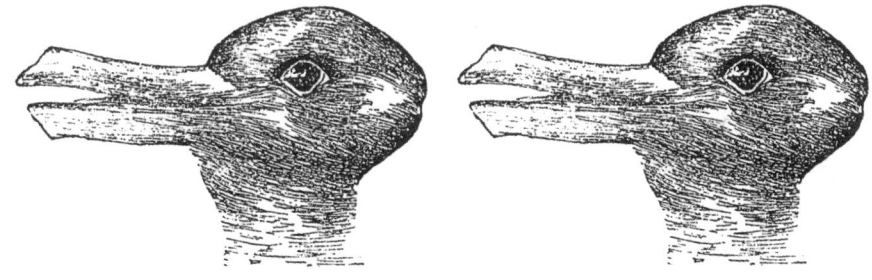

人看待事物的方式,取决于自身的经验和周围的环境。

在现实生活中,经常会有人瞪着眼睛、斩钉截铁地说:"我亲眼所见,还能有假?!"现在你应该知道,这就是一个愚蠢的论断,亲眼所见

---

❶ 兔子是复活节的代表性形象,是给孩子们送复活蛋的使者,象征着春天的到来与新生命的诞生。

❷《别再想歪了》,日本信息文化研究所,北京科学技术出版社,2022年10月。

就一定是真的吗？请把鸭兔图递给他，让他说一说，这张图到底是"鸭子"还是"兔子"。

我们"看到的"东西，并不是由眼前的客观世界决定的，而是由大脑里储存的知识决定的。当一个人只见过"鸭子"而没见过"兔子"时，他就不可能看出"兔子"的模样。这也提醒我们，只有不断拓展认知的边界，才不会被特定的视角束缚。

## 03 不可能吧！我怎么没看见？

> **👉 选择性注意** ｜ 人们在接受信息时，总会自然而然地趋向那些符合自己观点、态度、志趣和需求的内容，同时忽视或回避与自己观点相对或无关的内容。

知觉是一系列组织并解释外界客体和事件引发的感觉信息的加工过程，但客观事物是多种多样的，在特定时间内，我们只能按照某种需要和目的，主动而有意识地选择少数事物作为知觉的对象，或无意识地被某种事物吸引，从而对其他事物映象模糊。

美国心理学家做过一个实验：事先告诉受试者，细心观察视频中打篮球的运动员传了几次球，然后给他们播放打篮球的视频。然而，待视频播放完毕后，研究员却问了一个有趣的问题：有没有看见球员之间走过了一只大猩猩？

啊？！怎么会有大猩猩呢？至少有一半的受试者表示没有看见。然而，当研究员再次播放视频时，令人惊讶的是，打篮球的人群中竟然真的有一只大猩猩穿过！

一个人无法同时注意所有呈现的刺激，只能有选择地注意某一刺激而忽视同时呈现的其他多种刺激。同样的时间，同样的环境，不同的人会把注意力停留在不同的事物上，看到的景象和内心的感受也截然不同。

你穿了一条白裙子出门，结果发现商场的橱窗里有很多白裙子，街上也有不少人和自己"撞衫"；你的朋友从来不穿裙子，她很少会留意到和裙子有关的事物。

你想买一辆白色汽车，走在路上，发现映入眼帘的全是白色的汽车；你的朋友对汽车完全无感，听到你感叹"现在的人怎么都喜欢买白色的车"时，多半会回应你说："是吗？我还真没注意。""我倒没觉得。"

选择性注意会让人把认知资源集中在特定的刺激或信息源上，同时忽略环境中其他的东西。很多时候，我们认定的事实，可能只是选择性注意的结果。

心理学中"自证预言"现象的一个关键机制就是选择性注意，即你所留意到的事物都是你想留意的。当你发出一个预言时，为了证明自己是对的，你的注意力就会集中在符合你预言的信息上，并忽略掉那些不符合的。

认识到选择性注意，可以给我们的生活带来两点重要启示：

1. 你凝视深渊的时候，深渊也在凝视你。

人们常说，事情往往有三个面：你的一面，我的一面，真相的一面。很多时候，我们认定的事实，可能只是选择性注意的结果。如果过分关注他人的不足，抑或是负性的一面，往往会给关系造成隔阂，最终可能真的让对方变成你所说的样子，也就是"投射性认同"，即诱导他人以一种限定的方式来作出反应。

2. 你的一切价值，都是你注意力的产出。

李笑来在《财富自由之路》中说过："和注意力相比，钱不是最重要的，因为它可以再生；时间也不是最重要的，因为它本质上不属于你，你只能试着和它做朋友,让它为你所用;而注意力才是你所拥有的最重要的、最宝贵的资源。"

你专注于什么,决定了你拥有的经历,而你的经历决定了你的生活,你的生活又决定了你是一个什么样的人。当你把注意力放在了收发邮件、开会、闲逛网页、刷短视频、追剧、玩游戏上,用不了几周或几个月,你的生活里就会塞满你不想要的"经历",而你却浑然不知。待到醒悟的时刻,往往为时已晚,没有时间和精力再去完成那些对自己有意义的事。

夺回对注意力的控制权,就是夺回对人生的掌控权。

# 04 走路看手机，谁还在玩儿命？

> **注意瞬脱** 当短时间内出现多个需要注意的对象时，后续对象往往会被我们忽略。

日本有一则公益广告，以黑色幽默的方式，呈现了现代人不分场合玩手机的搞笑画面："两耳不闻身边事，一心只顾玩手机。""踩了香蕉皮也不能阻挡我玩手机。"

短片既戏谑了走路玩手机这一行为，同时也让观众借助一组真实的数据，看到这种现象的普遍性与危险性：99%的人都知道走路玩手机有危险，但73%的人这样做过，18%的人走路时因为看手机而跌倒，3.6%的人因看手机不慎跌落月台。

现实的情形远比影片更残酷，也更令人哭笑不得：有的人因为看手机掉进了深井，在等待救援的时候，一边痛苦地呻吟，一边还在玩手机……这一刻，手机竟然成了止痛药。

在看到这些画面时，很多人会忍俊不禁，心想："这人也太傻了吧！"这份嘲讽的背后是一种自信，自信这种问题不会发生在自己身上，自信即便是玩着手机也不会影响看路。

其实，那些玩手机摔倒的人，也是这么想的！在摔倒、落水之前，举着手机的他们也觉得，只要稍微注意一点，这种倒霉的事就不可能发生在自己身上。

事实上，只要是走路看手机，谁都可能会掉坑里！

心理学家曾在特定条件下做了一个实验，以确定人们在开车的时候能以多快的速度注意到周围存在或出现的物体，而不会忽视它们。结果显示，随着街道拥挤程度的增加，人们的周边视野会变窄，街道越拥挤，人们就越难注意到突然出现的物体。

如果中心视野可以清晰地看到物体，能不能避免这种疏忽呢？很遗憾，没办法避免！就算是在中心视野良好且不看其他地方时，我们仍然会漏掉一些东西，这不是主观上"想不想"的问题，而是注意瞬脱机制决定的。

我们在注意一个事物之后的数百毫秒内，很难对相继出现的另外一个事物作出反应，通常都是"一眨眼就错过了"。换言之，我们每次能够利用的注意力资源是有限的，很难同时专注于一件以上的事情，走路和玩手机，根本不可能"兼顾"。

# 05 愚弄大脑只需要一只橡胶手

> **橡胶手错觉** | 大脑会把不属于自己身体的人造物体，识别为自己身体的一部分。

此时此刻，假设你的手里正捧着一杯奶茶，忽然有人跑过来一本正经地问你："为什么你会觉得手是自己身体的一部分，而那杯奶茶不是呢？"十有八九，你会给他一个白眼，觉得他脑子有问题，心想："这不是废话吗？是不是自己的身体还需要思考？是个正常人就知道！"

那这个问题到底值不值得思考呢？咱们看完下面的橡胶手错觉实验再说。

让受试者坐在桌子前，左手放在桌子上，用一块隔板挡住受试者的视线，让其看不到自己的左手。同时，在受试者面前摆上一只用橡胶制成的假手，形态和被隐藏起来的左手一模一样，确保受试者可以清楚地看到。

实验开始后，研究员用两支笔刷同时刷受试者的左手和橡胶手，但受试者的眼睛只能看到橡胶手的状态。持续一段时间后，受试者开始错误地将橡胶手识别为自己的左手，当他们看到橡胶手被笔刷刷时，都觉得被刷的是自己的那只左手。

另一项使用功能性磁共振成像的研究发现，在受试者产生橡胶手错觉的状态下，研究员向他们演示将一根针刺入橡胶手的动作，同时监测受试者与焦虑有关的大脑活动，结果发现：受试者的真手的确感受到了类似的威胁。在受试者没有产生橡胶手错觉的情况下，做同样的演示，基本观察不到与焦虑有关的大脑活动。

明知道桌子上摆着的是一只假手，却在不知不觉间把它当成自己的真手，这听起来就像一个愚蠢的笑话。若不是有实验佐证，你可能完全不相信这是真实发生的情景。那么，为何不是自己的手，却能感受到触碰和疼痛，这一切是怎么发生的？

我们的身体感知是基于多种感官信息的整合，当视觉、触觉和位置感觉等信息在时间和空间上一致时，大脑就会把这些信息整合在一起，形成一个统一的身体感知。

在橡胶手错觉实验中，同步的视觉和触觉刺激欺骗了大脑，让它把两者整合在一起，引发了身体错觉效应，让人感觉虚假的身体部位或位置是真实的。

身体错觉效应揭示了身体感知的复杂性与灵活性，同时也印证了一个事实：我们对自己身体的感知并不总是准确的，它会受到视觉、触觉和认知因素的影响，在负面的情绪状态之下，这种错觉效应还会加剧。

## 06 想靠看美剧练听力，省省吧！

> **麦格克效应** 当视觉和听觉获取到的信息不一致时，人们可能会感知到完全不同的信息。

多数人都觉得，耳朵是用来"听"的，眼睛是用来"看"的，两者似乎是独立工作的，没什么关联。实际上，听觉和视觉之间不仅有联系，还会相互干扰。

为了练好英语听力，不少人选择刷美剧，认为这样既能享受娱乐，又能"磨耳朵"，简直是一举两得。如果你也用了这一招，那么今天刷剧的时候不妨做一个试验：把英文字幕挡住，看看自己能不能听懂。

如果你的英文水平尚未达到无障碍沟通的程度，平时看剧又觉得自己能听懂大部分的台词，那么在遮住英文字幕后，你可能会惊讶地发现：这电影没法看了！你从"基本上能听懂"跌落到"基本上听不懂"的境地，甚至产生强烈的自我怀疑：我的英文水平怎么直线下降了？

从基本上能听懂，到基本上听不懂，都是自己的真实感受，为什么前后的差别这么大呢？

1976年，英国萨里大学的心理学家哈里·麦格克与约翰·麦克唐纳偶然发现了一个有趣的现象：在给受试者放映的一部影片中，当视频中人的嘴唇发出的音是"ga",而配音是"ba"时,98%的受试者表示他们听到的是"da";当视频中人的嘴唇发的音是"ba",而配音是"ga"时,54%的受试者表示他们听到的是"gabga"或"bagbad";当视听的信息相匹配时,受试者的听力准确率提升到了99%。

在听声音的时候,人们会无意识地将非听觉信息作为线索,比如说话者的嘴部动作,整合这些不同的信息后,才是"听到的声音"。当视觉接收到的信息和听觉接收到的信息不一致时,视觉信息的介入会影响听觉信息的表达,使人听到原本不存在的第三种声音。

了解了麦格克效应,你就会明白一个事实:耳朵对声音的捕捉和把控并不是那么可靠,它会受到视觉的影响而产生偏差,眼睛常常会欺骗耳朵。

话说回来,想要练好英语听力,最重要的是建立声音和意义之间的直接联系,也就是一听到声音就知道意思,这种条件反射建立在大量的、多次的、可理解的听力输入的基础上。要是引入了文字(边看边听),建立的往往是声音与文字之间的直接联系,听到声音先想到的是怎么拼写,再想到其他的……学到最后,还是"哑巴英语"。

## 07　似曾相识，八成都是不相识

> **幻觉记忆**　对某一事物或场景有莫名的熟悉感，但其实当事人根本不曾见过这一事物或场景。

贾宝玉初见林黛玉，第一句话就是："这个妹妹我曾见过的。"贾母笑道："可又是胡说，你又何曾见过她？"宝玉解释："虽然未曾见过她，然我看着面善，心里就算是旧相识，今日只作远别重逢，亦未为不可。"

虽然这是小说中的桥段，可是许多人在现实生活中都有过类似的感触：和一个人初次见面，却总觉得好像在哪儿见过；初到一个地方，却感觉街道、景物很熟悉，仿佛曾经来过。

难道真的有前世今生？别胡思乱想了！这种现象在心理学中被称为"幻觉记忆"，它属于记忆心理学和脑神经学的研究范畴，和牛鬼蛇神、世间轮回没有半毛钱的关系。

人们经常会对某些新的物体或景象产生虚假的熟悉感，误认为自己曾经见过。幻觉记忆是人类普遍存在的心理现象，是大脑的神奇体验，也是大脑产生记忆错觉的衍生品。

要研究幻觉记忆很困难，因为它是突发性的，且持续时间很短，没有预兆，也没有实物证明，只能依靠当事人的描述和回忆，这会对研究产生很多干扰。

  心理学家认为，记忆有情景效应。如果以往经历过相似的情景，当前的情景就会为人们提供记忆提取线索，使人们无意识地激活过去的某种体验。比如，我们看见了某个陌生的相貌特征，激发了某种联想，大脑就快速提取信息与眼前所见的情景进行整合，某些局部的相似性会误导我们对整体相似性的判断，令我们产生似曾相识的熟悉感。

认知偏差
提高自我洞察力的86个心理学知识

# 08 你回忆的童年故事是真的吗？

> **虚假记忆** | 大脑记忆的信息之间自动的组合导致了不真实的回忆。

请你用10秒钟的时间，记住下面这些词语：

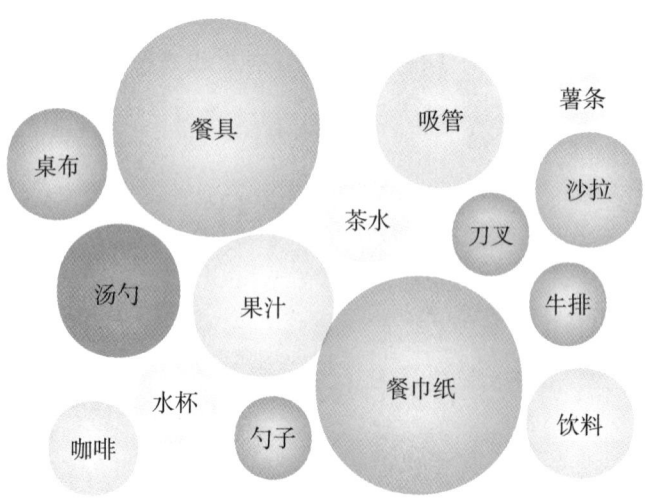

现在，请你遮住图片，仔细回忆一下：图中有没有出现"叉子"一词？

正确答案是：没有！但是，总有人会觉得"好像看到了"，因为上面的这些词语都是餐厅里常见的物品，我们不知不觉就会把它们和已有的知识联系在一起，从而感觉好像是看到了其中的某一个词语。

认知心理学家伊丽莎白·洛夫特斯设计过一个实验：向受试者讲述他们童年期发生的4件事，其中3件事是真实发生过的，另外1件事是虚构的。

一位名叫克里斯的14岁少年被告知，他小时候在一家商场里走丢过。这件事情是假的，可是在接下来的几天里，克里斯却逐渐"想起"了这件事，还描述了走丢的细节："我5岁的时候，在华盛顿州的一家购物中心迷了路，我家人常去那里购物。我当时很害怕，是一个穿法兰绒衬衫的男人帮助了我，带我找到了家人……母亲批评了我，让我不要再走丢了。"

你肯定觉得不可思议，别着急，还有更让你惊诧的：当克里斯知道自己听闻的4件事中，有1件是假的时，他并没有猜到"商场走丢事件"是假的，仍然对此深信不疑！而且，克里斯并不是特例，在参与实验的24名受试者中，有25%的人产生了类似的虚假记忆！

一直以来，我们都以为记忆被精确地镶嵌或埋藏在大脑的某个地方，并且可以通过药物或是催眠提取出来。其实，记忆并不是对过去事件的准确记录，我们经常会把没有发生过的事情当成真的，而我们又没办法通过一个按钮倒回去，把故事重新播放一遍。

# 09 给一点暗示，记忆就会"劈叉"

> **记忆错构** 事件是真实发生的，但我们在追忆的过程中加入了错误的细节。

某些事情发生了，我们把它存放在记忆中。但是，这个记忆并不是一成不变的，在受到外界信息和思想暗示时，它很容易就会"劈叉"，形成新的记忆，甚至是错误的记忆。

认知心理学家伊丽莎白·洛夫特斯开展过一项研究，旨在用最微妙的词语变化来研究暗示性的提问如何影响记忆，以及随后的目击者证词。

在实验中，洛夫特斯向受试者展示了一部描述多车事故的影片。影片结束后，一些受试者被问道："汽车撞在一起时的速度是多少？"另一些受试者被问道："汽车碰在一起时的速度是多少？"

这两次提问的关键字眼是"撞"和"碰"，结果显示：被问及"撞"的受试者，对于汽车速度的估计要快得多。在观看影片一周之后，这些受试者更有可能错误地声称，他们在事故现场看到了玻璃碎片（实际上影片中根本没有出现过玻璃碎片）。

在另一项研究中，洛夫特斯向受试者展示了一组幻灯片，情景是一

## CHAPTER 1
### 为什么不要轻信自己?

起汽车事故与一起行人事故。看完幻灯片后,一半的受试者被问道:"途经事故现场的那辆蓝色汽车,车顶上有没有滑雪架?"另外一半的受试者也被问了同样的问题,只是"蓝色"一词被去掉了。结果显示,那些被问及"蓝色"汽车的受试者,更有可能错误地声称,他们看到了一辆蓝色汽车。

你看,只是针对问题做了一点简单的调整,就让受试者的记忆发生了改变。洛夫特斯的实验让我们看到了记忆的不可靠性和易受干扰性,同时也告诉我们,在进行调查和取证时要警惕他人的诱导,只要一点点错误的信息和暗示,我们的记忆就可能会"劈叉",让我们误解或误判自己的经历。

## 10 不用记，这些东西网上都有！

> **数字失忆症** | 过度依赖手机和互联网储存信息，致使基本记忆能力丧失。

阅读文章时，忽然看到一个似曾相识的英文单词，你记得之前好像查阅过，可怎么都想不起来中文意思。于是，你打开搜索引擎，把这个单词搜索了一遍，并认真查看了它的释义及相关内容。

查阅完毕后，你信心满满，认定这一次是真的懂了，不会再忘了。可是，过了一段时间，在另一篇文章中你又和这个单词相遇了，同样的情景再度上演。你对它的认识，依然停留在"似曾相识"的阶段，怎么办？你只好再次拿起手机——不懂就上网查吧！

遇到不懂的就上网查，已经成了现代人解惑的"自动模式"。毕竟，互联网是一个超级信息库，智能手机又是如此便捷，两者一结合，随时随地都能获取想要的信息。然而，这给我们造成的困扰是，查阅过的那些东西总是记不住。

卡巴斯基实验室的调查研究发现，91%的消费者坦承依赖互联网和数字设备作为记忆和大脑储存功能的延伸，人们无法记住重要信息是因为把记忆信息的功能转移给了数字设备。

电子产品给我们的生活带来了便利，同时也冲击了我们的记忆能力。记忆需要不断被刺激和训练，过度依赖互联网获取信息，负责记忆的大脑区域就会变得越来越懒，记忆力就会下降。

想要摆脱数字失忆症，最简单的办法就是，用纸质阅读替代电子阅读，用传统的做笔记替代点击收藏。凡事都依赖电子产品和互联网，只会让人变得越来越"傻"。

# 11 拆穿"玫瑰色回忆"的假象

> **玫瑰色回忆** 人们经常会给回忆蒙上一层玫瑰色,把一些细小的、令人愉悦的事件回想得比实际所经历的更美好。

"池塘边的榕树上,知了在声声叫着夏天;操场边的秋千上,只有蝴蝶停在上面……等待着下课,等待着放学,等待游戏的童年。"听到这首欢快的歌曲,许多人都会想起童年,仿佛那才是人生中最轻松、快乐、无忧无虑的一段时光。

真实的童年有没有那么美好呢?实际上,人生的每个阶段都有属于那个阶段的烦恼,成年后的你会为各种生活琐事操心,童年的你也可能每天都在追问:为什么要上学?为什么要考试?为什么不让我出去玩?这些问题对当时的你来说,也是"天大的烦恼"。

英语中的惯用语"rose-tinted glasses"(玫瑰色眼镜)常用于形容某人过于积极乐观,只看到事物好的一面,用于暗示实际情况比想象中要糟糕。人们总感叹"曾经很美好""相见不如怀念""失去的才是最好的",那可能并不是事实,而是在透过玫瑰色眼镜看待过去,心理学家将这种认知偏差称为"玫瑰色回忆"。

为什么会出现"玫瑰色回忆"的现象呢？

人们在回忆过去时，会选择性地提取不同的记忆片段，以满足现在的需求。所以，在回忆过往时，大脑的信号让我们获得的体验，远比当时感受到的更加美好。

## 12 我们都是好了伤疤忘了疼

> **情感衰退偏差** 人们对积极情绪和消极情绪的遗忘速度不一样，与快乐的事情相比，痛苦的事情会遗忘得更快。

"玫瑰色回忆"告诉我们，念念不忘的美好大都是经过粉饰的，是大脑选择性提取记忆片段所致，这就引申出了一个问题：为什么有些记忆片段被铭记于心，有些记忆却被抛于脑后呢？

心理学家曾经做过一项研究：邀请一些受试者分别参与"欧洲旅行""感恩节旅行"和"加利福尼亚州自行车之旅"的活动，时间均为3周，并要求受试者在休假前、休假中和休假后，分别记录一下自己的心情。

结果显示：在休假前满怀期待的受试者，即使在休假中遇到了麻烦的、不开心的事，在休假结束后回想这段旅行时，仍然觉得自己度过了一个美好的假期。

即使理想与现实之间存在落差，并在旅途中发生了一些不开心的事，可在回忆整场旅行时，受试者仍然觉得很美好，全然弱化了那些不太美好的负面体验，心理学家将这种现象称为"情感衰退偏差"。

咦？似乎有点儿出人意料，我们常常觉得，令人糟心的、痛苦的事情才会记得更深，武侠小说里的人物经常信誓旦旦地说："君子报仇，十年不晚"，然后苦练技艺，多年之后再找寻仇人复仇，以平息内心的怒火。难道说，这些桥段是胡编乱造的？

情感衰退偏差是指，人们对事件所产生的积极情绪和消极情绪的遗忘速度是不同的，与负面情绪相关的记忆比与积极情绪相关的记忆更容易被遗忘。

请注意，这里说的"遗忘得更快"，指的是情绪，而不是内容。

开心的事→当时的情绪强度8分→1个月后的情绪强度6分（衰退2分）。

糟心的事→当时的情绪强度8分→1个月后的情绪强度4分（衰退4分）。

这样对比是不是更清晰一些？衰退的不是你对糟心之事的记忆，而是你对糟心之事的情绪强度，坏的情绪比好的情绪衰退得更快。人们常常调侃"好了伤疤忘了疼"，其实这也不总是一件坏事，情感衰退偏差可以让我们在回忆创伤经历时，避免再次受到剧烈的伤害。

## 13 葡萄是酸的，柠檬是甜的

> **认知失调** | 个体的行为与信念之间产生矛盾时，所体验到的不适感或不愉快的情绪。

公司内部正在进行竞职晋升计划，A先生内心很渴望升职加薪，却又担心会落选。于是，他就在心里编造了一个理由——"在其位谋其职，职位越高，操心的事情越多。我安心做好自己的本职工作，当个'佛系'青年也未尝不好。"

拆穿别人的谎言时，我们常常会疾言厉色地说："睁着眼睛说瞎话！"可是，同样的问题落到自己身上，我们却主动编造理由来欺骗自己，为什么会这样呢？

很简单，人有趋乐避苦的本能，如果不编造理由欺骗自己，就得承受认知失调的痛苦。1959年，美国心理学家利昂·费斯汀格提出了认知失调理论，即当个体的信念与行为产生矛盾，或是同时持有相互冲突的观点时，会产生不舒服或紧张的心理状态。

人们倾向于寻求认知上的一致性，当这种一致性受到威胁时，个体通常会采取改变行为、调整信念或转移注意力的方式，来恢复认知上的一致性，缓解认知失调带来的不适。

想竞聘又怕落选，干脆就说"升职不好"，这是典型的"吃不着葡萄说葡萄酸"。在缓解认知失调时，人们有时会说"葡萄酸"，有时也会说"柠檬甜"。

商场打折时买了一件衣服，回来却发现并不是那么喜欢，可是又没办法退换。于是，打开社交媒体软件，搜索同款衣服的穿搭，看着模特的摆拍照，内心暗暗念叨："其实，这衣服也没有那么难看。"

谁不知道柠檬是酸涩的呢？可是，对于自己拥有的东西，就算知道它不够好，也硬要把它说成好的，这样才能够弥补内心的落差感。所以，明明不喜欢那件衣服，也要努力去搜寻摆拍照，让自己相信它是好的，也值得被喜欢，不然就白花钱了呀！

不管是"吃不着葡萄说葡萄酸"，还是"吃了柠檬说柠檬甜"，都是内心的防御机制，其目的就是用"合理化"的理由维持内心的平衡。

## 14 难过时能想起开心的事吗?

> **情绪一致性效应** | 当人们处于某种特定情绪状态时,更容易回忆起与该情绪一致的信息,倾向于做出与该情绪相符合的判断。

周一,S小姐顺利完成了一项重要任务,且得到了上司的好评,她由衷地感觉"工作很有意义",内心涌现出了满满的成就感,不禁回想起过往在职场中取得的成绩和进步。她还想到,晚上一定要和家人好好庆祝,并思索去吃哪家餐厅,头脑中憧憬着美好的画面,她觉得自己就像一个"幸运儿"。

周五,S小姐犯了一个严重的错误,给客户造成了损失,不仅遭到了投诉,还被扣发了一个月的奖金。她忽然觉得,好像所有的努力都失去了意义。她想起了无数个独自加班、无人问津的夜晚,想起日复一日、拥挤嘈杂的通勤之路,想到下个月要缴纳五位数的保险费用,忽然觉得自己就像一个陀螺,忙忙碌碌一刻不得闲,生活却一直在原地打转。这种沮丧的情绪,让她想起许多不愉快的往事,越想越觉得自己就是一个"倒霉蛋"。

生活也好,工作也罢,都不可能是一条直线,总会有波澜起伏。绝

## CHAPTER 1
### 为什么不要轻信自己?

大多数的日子，我们都是轮番演绎上面的两个情景，心情舒畅时觉得生活充满希望，沮丧失落时觉得生无可恋，脑子里想到的事情，总是完美地契合当时的情绪状态。

出于礼貌和教养，很少有人会在我们高兴时泼冷水，让我们回想一些糟心的事。然而，心情不好的时候，却经常会有人带着好心给我们献上一个蠢计："别难过了，想点开心的事。"听到这句话，我们不可能想到任何开心的事，只会觉得自己又被"补了一刀"，感叹人世间的悲喜并不相通！

为什么难过的时候没办法去想开心的事呢？

情绪一致性效应告诉我们，人在特定的情绪状态下，倾向于选择和加工与该情绪相一致的信息，更倾向于做出与当前情绪相符合的判断。

开心时，更容易想起愉快的经历，对生活保持积极的态度；

平静时，更容易理性客观地分析问题，与他人进行平和的沟通；

焦虑时，更容易想到不确定性、担忧和威胁的信息，关注潜在风险；

愤怒时，更容易想起自己的委屈，作出冲动或对抗性的选择。

每个人都会根据自己当时的心情来记忆、回忆和判断事情，虽然我们很难做到"沮丧时想开心的事"，但也不能任由消极情绪陷入恶性循环。把自己的感受写下来，或是给朋友打个电话，抑或是转移注意力做其他的事情，都有助于调整负面情绪。

# 15 失恋的人总说不会再爱了

> **情感预测偏差**：人们并不能准确预测未来的情绪状态，特别是对情绪强度和持续时间的预测，经常会出现很大的偏差。

"当一种感觉存在的时候，他们感到它好像永远不会离开；当它离开以后，他们感到它好像从未来过；当它回来时，他们感到它好像从未离开。"英国诗人乔治·麦克唐纳描述的这种状态在生活中经常发生，几乎每个人都体验过。

爱得轰轰烈烈时，觉得对方就是自己的灵魂伴侣，这辈子都无人能企及；然而，时间才只过了一年，彼此就因为鸡毛蒜皮的小事吵得不可开交，你侬我侬的情意淡了许多。

亲人患了重病，无法想象失去对方的日子会多么痛苦，该如何继续；可是，真的到了那一天，却发现自己比想象中要平静，默默接受了这份哀伤，用另一种方式去怀念至亲。

面对人生中那些重要的人和重要的决策，我们会习惯性地想到未来的感受。有时，我们可以清楚地知道自己会有怎样的反应，但有些时候我们也会错误地预测自己的感受，不只是普通人如此，心理学家也是一样的。

1993年前后，美国哈佛大学心理学教授丹尼尔·吉尔伯特遭遇了一连串的打击：先是导师和母亲相继离世，后又经历婚姻破裂，儿子在学校也是状况百出。生活看起来糟糕透顶，似乎不会好起来了。可是，一年之后，当吉尔伯特与同事兼好友威尔逊谈起这段经历时，他忽然发现，那些原以为会把他击垮的状况，并没有预想的那么糟糕。

这一现象激发了吉尔伯特和威尔逊的研究兴趣，他们共同创立了"情感预测"的概念，并从科学的角度揭示了一个事实：人们总是热衷于想象未来的幸福或不幸，但这种情感预测往往是不准确的。

不管是好事还是坏事，我们大都会高估其对自身未来情感状态的影响。在想象的过程中，大脑往往会根据提示的信息添油加醋，把现在的感受误以为是将来的感受，它无法想象事情发生后，想法会发生怎样的改变。

事实上，我们所关注的那些事情，并不会带来想象中那样大的改变。我们会因为现实中的一些挫败或悲惨遭遇而感到痛苦，但我们的心理免疫系统也是很强大的，它会利用合理化策略，看淡、缓解和限制情绪创伤，减少丧失、拒绝、挫败等带来的压力和伤害。

吉尔伯特和威尔逊已经通过研究证实：重大的消极事件可以激活人的心理防御系统，其所引发的痛苦持续的时间反而更短。

## 16 你可能并不是真的"丧"

> **消极偏见** 消极的经验和对坏事件的恐惧，对人们的影响远大于中性经验和积极的经验。

每天打开手机，总有一些可怕的新闻映入眼帘，为什么每天都有灾难发生？评论区的消息更是让人不忍直视，网友们触景生情述说自己的遭遇，让人不禁感叹：人这一生究竟要经历多少痛苦？

把项目计划书交给老板，基本上算是通过了，但我并没有感觉多轻松、多开心，虽然老板也称赞了我做事效率高，可我的脑子里总是闪现他指出来的那些问题："这些数据要核实……预算部分稍微有点高……后期的宣传还得细化……"

和同学聊起上学时的日子，他说很怀念大学的时光，每天都有时间做自己喜欢的事，也不用为生活操心。可是，我想到的却是一些不太愉快的经历，没有充裕的生活费却还碍于面子给同学送生日礼物，想打工赚钱却频频遭拒绝，真是很窘。

你有过与之类似的经历与感触吗？是不是还一度认为自己太"丧"了？

其实，这是一种正常现象，人类天生就更容易回想起负面的事件和评论，社会心理学家将其称为"消极偏见"。小到失误与负面评价，大到离别和意外事故，都会霸占我们的精神空间，压抑那些令人愉悦的正面体验。比起美好的时刻，我们往往要花费更多的时间来化解负面情绪。

这种消极偏见究竟是怎么来的？

从进化角度来说，消极偏见是一种适应性进化功能，它能帮助我们在可能存在威胁的环境之下，更好地生存和繁衍。

忽略了一个好消息，或是错过了一桩美事，顶多就是给人生留下一点遗憾；可若忽视了一个危险信号或负性事件，即使只有一次，也可能会受伤或死亡。所以，我们总是会更多地关注消极的信息，而不是积极的信息。

消极偏见与注意力方向密切相关，如果总是进行消极的自言自语，很容易沉溺在黑暗的想法中。所以，要特别留意脑海中闪过的那些不好的想法，思考如何用积极的想法替代它们。同时，还要多去"吸收"积极的经历，体验到美好时，多花一点时间去感受它，这种积极的信息和美好的记忆，有助于缓解消极偏见带来的不平衡。

## 17 心动的感觉不都是爱情

> **吊桥效应** 在光线较暗的场所，彼此产生好感的可能性远高于在光线较亮的场所。

同事 A 君是一位工程师，专业技能很强，平日里对实习生晓琳颇为照顾。晓琳把 A 君当作老师，同时也很欣赏他的为人，并未产生其他的情愫。

不久前，由于某个项目临时要调整，晓琳协助 A 君忙了一整天，直到晚上 8 点半才处理完。刚走出公司的大门，一辆外卖车急速驶来，晓琳吓得当即就蒙了，A 君一把拉住她往后拽，此时外卖员也猛踩了刹车，虽说是惊心的一幕，但好在没有造成人身伤害。

晓琳吓得眼泪直冒，心脏突突地跳。可是，回想起刚刚 A 君拉着自己的那一幕，她又觉得很暖心，脸上还泛起了红。她忽然对眼前的 A 君产生了亲近的感觉，总觉得此时此刻的 A 君和以往不太一样，似乎更有魅力了。晓琳心想，难道我对 A 君产生好感了？

对某个人产生"心动的感觉"，有时是因为真的喜欢，有时却是因为"吊桥效应"。

不列颠哥伦比亚大学心理学教授唐纳德·达顿做过一个实验：

# CHAPTER 1
## 为什么不要轻信自己？

在一座惊险刺激的旅游观光吊桥上，让一位经过训练但不了解实验预期的女性实验助手站在桥中间。当有18~35岁的男性单独经过时，实验助手会走到他身边，请求他做一份心理问卷，并看图讲故事，然后声称如果想知道结果，可以给她打电话，并留下电话号码A。在对照组中，地点是一座结实的木桥，其他条件不变，留下的电话号码变成了B。

一段时间后，吊桥组的大部分男性都打电话给号码A，而木桥组只有极少数男性打电话给号码B。对比他们所讲的故事，根据故事中涉及的性相关内容进行1（低性内容）~5（高性内容）的评分，电话号码A的来电者所得分数更高，对实验助手的好感度更高。

结合晓琳的经历和这个科学实验，看出什么端倪了吗？

人在危险的情境中，吃惊、恐惧等初级情绪会被唤起，身体也会出现心悸出汗、呼吸急促、心跳加速、肌肉紧张等反应，这些反应和恋爱时怦然心动的反应相同，大脑就自动将其归因于旁边的人，而我们也误以为自己对当时在场的异性产生了好感。

说到底，这就是大脑的一场恶作剧，是一种歪曲的认知反应。

# 18  眼不见为净，耳不听为清？

> **自我欺骗** ｜ 人们看到自己难以接受的事物或遇到无法忍受的事件，往往会采取否定、逃避的态度。

网上盛传着一段搞笑的视频：年幼的儿子端了一杯水给坐在沙发上的爸爸，爸爸满心欢喜地喝下了那杯水，并夸奖了儿子；片刻之后，儿子又端来一杯水，爸爸又喝了，觉得这儿子简直太贴心了！儿子再一次受到鼓舞，便继续重复刚才的行为，再次去取水。

就在这个时候，爸爸起身离开了沙发。途经卫生间时，他看到儿子正在用杯子从马桶里舀水……

这段搞笑视频很有代入感，想象一下如果这件事发生在自己身上，接下来你会是什么反应？八成是要吐了。不过，有个问题很值得思考：在得知真相以前，父亲明明已经喝下了两三杯马桶里的水，为什么他当时没觉得反胃呢？再比如，菜里有根头发，没看见的时候，并未觉得菜不干净，为什么看见之后就再也吃不下去了，还会想把之前吃进去的吐出来呢？

这就是我们常说的"眼不见为净定律"，如果我们讨厌的东西没有在视线范围内的话，这些东西带来的不快就会消失。从心理学上讲，这是一种自我保护机制，也是一种自我欺骗的行为。

　　在处理现实问题时，眼不见为净定律绝对不是一个靠谱的方案。事实就是事实，终将要面对，自我欺骗是解决不了问题的，我们不能当鸵鸟，遇到危险时一头扎进沙子里，以为眼睛看不见就是安全的，这和掩耳盗铃没什么区别。

# CHAPTER 2
# 认知觉醒的第一步是什么?

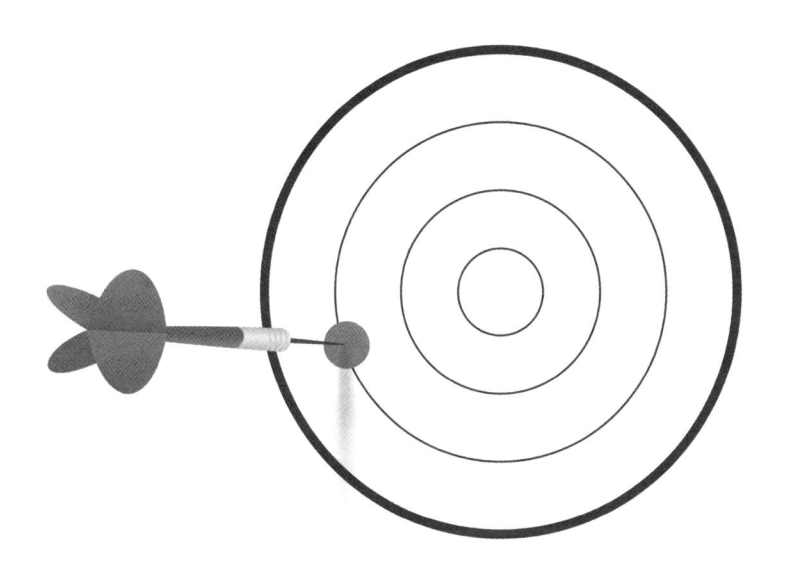

承认无知是智慧的开始

## 19 为什么越无知的人越狂妄？

> **达克效应** 越无知的人，越容易盲目夸大自己的能力，认为自己知道得多。

1995年，有一个名叫麦克阿瑟·惠勒的中年男人，在光天化日之下抢劫了匹兹堡的两家银行。作案的时候，他没有戴面具，也没有进行任何伪装，甚至在走出银行大门之前，还冲着监控得意扬扬地微笑。

毫不足怪，警方很快就逮捕了惠勒。在回看监控录像时，惠勒露出难以置信的表情，他说："我明明涂了柠檬汁呀！"原来，惠勒了解到，用柠檬汁写下的字迹只有在接触热源的时候才会显现。他突发奇想：要是把柠檬汁涂抹在皮肤上，只要不靠近热源，不就可以"隐身"了吗？然后，他就这么做了，闹出了一个天大的笑话。

惠勒的事件引起了康奈尔大学心理学家大卫·邓宁的关注，他和研究生贾斯汀·克鲁格决定研究这一现象，并提出了著名的"达克效应"。

达克效应是一种认知偏差，即越有能力的人越会意识到自己的不足，越无知者越不知道自己欠缺哪种能力，故而沉浸在自我营造的、虚幻的优势中，总是自我感觉良好。

不少人存在一种错误的认知，总觉得在人前表现出自己不了解、不具备或不擅长某种领域的知识或能力，会显得很笨拙、很愚蠢，会遭人耻笑。

其实不然，敢于承认自己的无知是一种开放的心态，更是获得智慧的开始。一个人暂时能力不足、缺乏经验没关系，可怕的是自欺欺人，更要命的是浑然不知。恰如邓宁和克鲁格所言，一个人对能力的认识也是需要能力的，那些总是表现出"迷之自信"和"莫名优越感"的人，其实是没有意识到自己的无知，这才是最大的愚蠢。

## 20 高智商能"中和"愚蠢吗？

> **理性障碍** | 个体在智力水平正常的情况下，也可能无法理性思考和行动。

长期以来，人们习惯性地认为，聪明人和蠢人的差别在于智力。换句话说，只有脑子愚钝的人才会做蠢事，聪明人不会犯低级错误。其实，这是一个超级大的误解。大量的事实告诉我们，就算是智力超群的聪明人，也有犯蠢的时候。

天普大学的数学教授约翰·阿伦·保罗斯，在数理逻辑、概率论方面发表过不少论文，还撰写了多本畅销书。毫无疑问，他是一个高智商的聪明人，没有谁会把他和愚蠢联系在一起。然而，这个世人眼里的聪明人，却做了一连串让人瞠目结舌的蠢事。

2000年初，保罗斯教授以每股47美元的价格买入美国世通公司的股票，之后当这只股票在该年末跌到每股30美元时，他还在买入，这一行为显然是不理智的。2000年10月，该股票跌至每股20美元，越来越多的迹象表明，此时应当卖出股票，而非买入。可是，这位天才数学家仍未停手，不惜用借来的保证金继续买入。

2001年末，保罗斯教授开始坐不住了，只要超过1小时不去查看股

CHAPTER 2
认知觉醒的第一步是什么？

价，他就会感到焦虑。2002 年 4 月，他依然坚信在股票走低时应该继续买入，一旦回涨就可以挽回之前的损失。所以，当股价跌到每股 5 美元时，他仍在买入。4 月 19 日，股票上涨到每股 7 美元，他决定卖出。不巧的是，那天刚好是周五，他从大学上完课回到家时，已经休市了。到了下周一，股价又跌了。这一次，他终于决定结束这场磨难，卖出了所有的股票。

之后，世通公司被披露做假账，最终以每股 9 美分的股价宣布倒闭，保罗斯在这场股票投资中损失惨重。2005 年，保罗斯在自己的著作《数学家妙谈股市》中直言不讳道，他的购买行为并不都是理性的，他也对自己违背了所有健康投资策略的心理状态进行了反思，声称"即使到现在，一想到股票我仍然会发疯"。❶

在股票投资的问题上，超常的智力水平和超强的数学能力，都没能阻止保罗斯教授不断地作出愚蠢的决策，这鲜活地诠释了一个事实——聪明人也会做蠢事。

这样的情形并不少见，有些接受过高等教育的人，生病后不去看医生，非要相信鬼神之说；有些人很有生意头脑，却无法看清电信诈骗的圈套，白白损失了大笔金钱……看到这样的情形，许多人觉得难以理解：如此简单的道理，如此明显的迹象，为什么他们看不出来呢？

加拿大多伦多大学人类发展与应用心理学教授斯坦诺维奇指出，既然"聪明人"会做"蠢事"，就意味着认知科学对"聪明"的界定出了问题。一直以来，人们碍于多重原因，过分看重智力测验所测量的那些思

---

❶《超越智商：为什么聪明人也会做蠢事》，基思·斯坦诺维奇，机械工业出版社，2015 年 9 月。

维能力，轻视了其他的认知能力，特别是理性思考的能力。

理性思考，是指树立恰当的目标，基于目标和信念采取恰当的行动，以及持有与可得证据相符合的信念。智力测验所侧重反映的是，在面对使人分心的事物时，一个人专注于当前目标的能力，但它并没有反映出人们是否具有制订理性目标的能力倾向。

智力和理性不是一回事，拥有高智力的聪明人，不一定拥有理性思考和行动的能力。

斯坦诺维奇坦言，聪明的人只有在被告知如何做的情况下，才会表现优异。然而，我们生活在一个充满不确定性的复杂世界，想过上更好的生活，达成人生的目标，仅仅依靠智力是不够的，还要拥有理性思考的能力，那才是真正的生活智慧。

## CHAPTER 2
认知觉醒的第一步是什么？

## 21 汽车比飞机更安全吗？

> **易得性偏差** 人们总是依赖那些容易观察、回忆和联想的易得信息展开思维，错误地把某些事情在记忆中的易得性当成它们发生的频率。

开车送家人到机场，临别之际，反复叮嘱对方落地后报平安。这份叮嘱里折射出了你内心的一丝不安，毕竟飞机失事是一件很恐怖的事，生存的可能性几乎为0，没有谁愿意自己和家人遭此横祸。送别之后，你开车离开机场，路上依旧记挂着家人的安危。

你对航空出行感到担忧吗？你是不是觉得坐飞机比坐车更危险？

维基百科的统计数据显示，每十亿千米的出行距离，乘飞机的死亡率只有0.05%，而坐轿车的死亡率则是3.1%，是乘飞机的62倍！

为什么我们会认为汽车比飞机要安全呢？

原因就是，汽车事故的画面，远不及血淋淋的飞机失事现场的画面那么真实、鲜活，尽管后者并不是很常见，可它实在太可怕了，我们很容易从记忆中提取与之相关的信息。

大脑对信息的生动性和鲜活性非常敏感，我们无法抗拒那些活灵活现却不具代表性的数据的影响，在预测一个事件发生的可能性或判断其风险概率时，往往会根据那些容易被记起的具体例子来作判断，这就是易得性偏差。

受记忆力或知识的局限，人们在进行预测和决策时大都会利用自己熟悉的信息，因而会赋予那些容易看见的、容易记起的信息以过大的权重，但这只是有效信息的一部分，还有其他信息需要考虑。如果忽略其他的信息，就会造成判断的偏差。

那么，如何避免易得性偏差呢？

（1）不断学习深耕，扩大易得性信息的知识面。

（2）跨学科学习，拓展认知的广度。

（3）反复质疑提问，进行证伪思考。如：我会想到它，是不是因为我对它比较熟悉？是不是最近发生的某件事影响了我的判断？我的想法是不是受新闻媒体的影响？

## 22　颜色朴素的蘑菇没有剧毒？

> **☞ 代表性偏差**　在面对不确定的事件时，人们往往会根据其与过去经验的相似程度来进行判断或预测，而忽略了其他可能的因素或变量。

1973年，心理学家丹尼尔·卡尼曼与行为学家阿莫斯·特沃斯基开展了一项实验，研究员向受试者描述了一个名叫Tom W.的人：

他智力很高，可惜创造力不够。他总是墨守成规，把所有事情都安排得井井有条，撰写的文章枯燥、刻板，偶尔会闪现一些略带俏皮的双关语和科学幻想。他喜欢与人竞争，不太关注他人的感情，也不喜欢与人打交道。他向来以自我为中心，但并不缺少道德感。

描述完之后，研究员让受试者猜测：Tom W.最有可能从事哪种职业？

研究员提供的职业选项包括企业管理者、工程师、律师、教师、医生等。然而，实验结果显示，绝大多数受试者都认为，Tom W.最有可能是一名工程师，因为他太符合理工科男性的形象了！

人们经常会根据某事件在多大程度上具备特定范畴的代表性特征，来预测这个事件发生的可能性，这种推理过程叫作"代表性启发"。如：买彩票的时候，总觉得重复数字的中奖概率低；采蘑菇的时候，总觉得颜色朴素的蘑菇没有剧毒；买东西的时候，总觉得价格越高质量越好。

在很多情况下，代表性启发是有效的，可以帮助我们简化认知过程，快速得出结论。但是，依靠这种捷径得出的结论并不总是正确的，当判断基于刻板印象或表面相似性，而不是准确的概率和数据时，很容易造成偏差。

假设你对汽车的性能不是很了解，在购买二手车时，你可能不会关注发动机的状况，只会留意到车子的外观和内饰整洁如新。按照以往的认知经验，干净意味着"新"，你很有可能会凭借这一表象去推断这辆车不错。

实际上呢？车辆是二手车销售员精心清洁过的，而这辆车是一辆"事故车"，开起来不仅费油，还经常出现异响。买车时的这种误判，就属于代表性偏差。

如何避免代表性偏差对决策产生负面影响呢？

（1）对全新的、不确定的事物保持怀疑态度，不轻易根据表面特征或单一信息作出判断。

（2）某个事件在过去发生的频率较高，不代表未来一定会以同样的频率发生。

（3）面对不确定性和压力时，保持冷静和理性，避免因情绪作出冲动的决策。

（4）反思过去的决策，分析是否存在代表性偏差，不断改进决策方法和思维模式。

# 23　人们经常会好心办错事

> **眼镜蛇效应** ｜ 针对某问题制订的解决方案，反而使该问题恶化。

某患者只是轻度的感冒发热，医生给开了一点常用药，建议回家多喝水、多休息。可是，他对医生给出的方案并不满意，主动提议说："您给我开点抗生素吧""您给我输点液吧""我想快点好起来"……医生回应："先服药三天，不适随诊。"

某名校毕业的高才生，理论知识学得很扎实，进入大公司就职后，想要展示自己的才能，便主动对公司的经营战略提出建议，洋洋洒洒写了一万字，希望管理者能采纳他提出的改革方案……管理者回应："此人若有病，入院治疗；此人若无病，建议辞退。"

患者想要快点痊愈，这份心情可以理解。然而，只是轻微的感冒，却要求用抗生素治疗，这就是愚蠢了。医生比你更清楚滥用抗生素的不良后果——免疫力下降，细菌耐药性问题突出，后续感染无抗生素可用……

新人想要展示才能，这份心情也能理解。然而，大公司的系统关系是很复杂的，没有足够的实践、观察和思考，随随便便就做战略调整和改革，很可能会给企业带来灭顶之灾。

有句俗语叫"好心办坏事"，上面的情形恰好印证了这句话。很多时候，人们以为出于"好心"和"善意"所做的举措，能够带来一些好结果，其实这是一种认知偏差。

出发点是好的，不代表结果就是好的，两者之间没有必然的联系。"好心"和"善意"等理由具有隐蔽性，容易让人忽视干预措施的正确性、有效性和破坏性，导致眼镜蛇效应。

殖民时期的印度，德里地区眼镜蛇泛滥，给当地居民的生命安全造成了很大的威胁。为此，当地政府颁布了一条悬赏令：谁上交一条眼镜蛇的尸体，谁就能领取一笔赏金。

果然，重赏之下必有勇夫。悬赏令下达后不久，每天都有群众上交眼镜蛇的尸体。按照这个形势来看，城市里的眼镜蛇应该会越来越少吧？然而，情况并不像预想的那样。过了一段时间之后，每天还是有很多人上交眼镜蛇的尸体，这是怎么回事呢？

原来，有些居民为了能够领取赏金，竟然开始大量饲养眼镜蛇。当地政府发现后，立刻取消了悬赏令，而那些饲养眼镜蛇的人也随之将蛇放回街头，毕竟它们毫无价值了。就这样，当悬赏结束后，德里地区面临的眼镜蛇问题，比过去更严重了。

美国作家塔勒布在《反脆弱：从不确定性中获益》中提出，对系统的不当干预，反而会带来大问题。

现实世界远比我们想象的复杂且难以预测，人性在很多时候又是自私的，解决问题不能盲动，一定要有意识、有方法地干预，并持续进行改进。在提出干预方案时，不妨思考一下这些问题：这个方案以前实行过吗？实行的效果怎么样？能不能在小范围内做一个实验？在干预过程中，能否迅速得到有效反馈，一边反馈一边改进？如果事实证明干预措施不可行，能否挽回，恢复到从前的样子？

## 24　是什么成就了江湖骗子？

> **巴纳姆效应**　人们很容易相信一些笼统的、广泛性的人格描述，认为它们精准地反映了自己的人格面貌。

你渴望受到他人喜爱，却对自己吹毛求疵。

虽然人格有些缺陷，但大体上你都有办法弥补。

你拥有可观的未开发潜能，尚未充分发挥你的长处。

你看似强硬，但自律的外在掩盖着不安与忧虑的内心。

许多时候，你严重怀疑自己是否做了对的事情或正确的决定。

你喜欢一定程度的变动并在受限时感到不满。

你为自己是独立思想者而自豪，且不会接受没有充分证据的言论。

你认为对他人过度坦率是不明智的。

有些时候你外向、亲和、善于沟通，有些时候你却内向、谨慎而沉默。

你的一些抱负是不切实际的。

如果有人在你面前说出这些话，你会不会觉得："这也太准了吧！说的就是我。"

1948 年，心理学家福勒的受试者们和你的感受是一样的。可惜这些话不是为你量身定做的，而是福勒从各种星座与人格的描述中搜罗出来的，里面大多数的描述可以适用于任何人，这些描述后来也被称为"巴纳姆语句"。

为什么要叫"巴纳姆语句"呢？

费尼尔司·泰勒·巴纳姆是一位广受欢迎的杂技师，他在评价自己的表演时说，自己之所以受欢迎，是因为"节目中包含了每个人都喜欢的成分"，所以"每一分钟都有人上当受骗"。后来，心理学家福勒和学生们进行了相关的实验，证明了这种心理现象的存在。20世纪50年代，心理学家保罗·米尔在其著作《一本好的烹饪书》中，将福勒的实验结果命名为"巴纳姆效应"。

人们常常认为一些笼统的、含糊不清的、一般性的描述，精准地反映了自己的人格特点，这是一种认知偏差。那么，巴纳姆效应到底有多么不靠谱呢？

法国研究人员曾把臭名昭著的杀人狂马塞尔·贝迪德的出生日期等资料寄给一家自称能借助高科技软件得出精准星座报告的公司，并支付了一笔不菲的费用。三天后，研究人员拿到了这样的分析结果：

他适应能力很好，可塑性很强，这些能力通过训练就能发挥出来。他在生活中充满了活力，社交举止得当。他富有智慧，具有创造性，非常具有道德感，未来生活会很富足，是思想健全的中产阶级。预测在1970~1972年会考虑到感情生活并作出承诺。

看完报告，研究人员笑了。因为这个被报告夸赞"非常具有道德感"的贝迪德，犯下了19起命案，1946年就已经被处以死刑了！

看到这里，你还会相信星座运势吗？依靠那些谁看了都说"准"的东西去预测自己的生活，和相信江湖骗子的算命之说没什么区别。

## 25 亲自买的彩票更容易中奖？

> **控制错觉** | 人们经常会高估自己对外在事情的影响力，认为事情是受自己控制或影响的，但实际上可能与自己毫无关系。

坐电梯时，忍不住多按几下按钮，想让电梯快一点下来；

打游戏时，用很大的力气敲打键盘，仿佛用力就会出现奇迹；

买彩票时，非要自己亲自选号，总觉得自选的比机选的更容易中大奖；

抽奖品时，不停地搓手哈气，似乎这样就能拥有好手气。

这些做法有用吗？其实，多数人都知道没用，可即便如此，下一次遇到类似的情况还是会"故技重施"，因为人们渴望对事情有所掌控。

人类倾向于高估自己对事件的控制程度，而低估随机、不可控的因素在事件发展过程及结果中所扮演的角色。对于那些非常偶然的事，总以为凭借自己的能力可以进行控制，这种倾向叫作"控制错觉"。

1975年，美国心理学家埃伦·兰格提出了"控制错觉"的概念。

兰格认为，日常生活中的情境可以分为两类，一类叫技能，一类叫机会。在技能情境中，个体的行为与结果是相关的；在机会情境中，行为与结果是无关的。

然而，当机会情境中出现了一些与技能情境相似的特征时，比如竞争性、选择性、熟悉度、卷入程度等，个体就会忽视概率原理，倾向于把结果的出现归结于自身的天赋及习得的技能，认为自己可以控制结果，产生控制错觉。

控制错觉的产生，是由于人们平常的生活都是由自己来支配的，因而就把这种错觉扩展到了偶然性的事件上。控制错觉定律提醒我们，不要盲目相信自己的判断，我们真正能够控制的，远比我们想象的要少。

# 26 每个人都是"事后诸葛亮"

> **事后聪明式偏差** | 当事件结束后，人们倾向于认为自己事前就已经预见到事件的结果，忽略了事前的不确定性和缺少明确预测的事实。

"我当时已经想到了，走这条路可能会很堵车！"

"果然被我猜中了，他从一开始就没打算帮忙。"

"你就不应该派她去谈项目，客户对她的印象不是很好。"

"算了，我早就知道会这样，对这个结果一点都不意外。"

……

这些话听上去是不是很熟悉？在一件事情发生之前，人们可能认为这件事发生的概率只有60%，可当这件事情发生后，人们却觉得自己当初的预测概率是80%！仿佛在这一结果发生之前就已经作出了与事实相符的预测。事实上，我们真的从一开始就预测到了吗？

当然不是！谁都没有神机妙算的本事，可以预知整个事件的走向。事后把自己置于先知的位置，觉得自己"早知道会这样"，纯属是"事后聪明式偏差"。

为什么会出现事后聪明式偏差呢？

对于显而易见的事情或常识，人们往往很容易忽视，只有在知道事实后才会想起它的存在。事后聪明式偏差，其实是站在当下的角度看过去，人们在回忆时很容易高估自己对事件的预见能力，从而产生认知上的扭曲。

# 27 为何计划总是赶不上变化？

> **规划谬误** | 人们在规划项目时往往过于乐观，经常会低估完成一项任务的时间和资源。

我们在生活中经常会扮演一个角色——"蹩脚的预言家"。

临近毕业，开始准备毕业论文，原本预测自己用两个月的时间就可以完成初稿，结果两个月过去了，却连资料还没有看完，更别说动笔了。

接手一项新任务，觉得凭借十几年的工作经验，两天就可以做出草图，结果真的开始做了才发现，这项任务没有看上去那么简单，一周的时间也不够用。

下定决心攒钱，把每个月的生活费限定在 3000 元，本以为节衣缩食就可以实现，没想到两个月之后，竟然还透支了 2000 元。

不管是处理课业、工作，还是攒钱理财，我们经常会遇到"计划赶不上变化"的状况。以为可以在规定时间内把一件事情做好，结果却总对自己失信，问题到底出在哪儿？

心理学家丹尼尔·卡尼曼与阿莫斯·特沃斯基研究发现，人们在估计未来任务的完成时间时，经常会低估任务的难度或是完成所需的时间，这种现象叫作"规划谬误"。

无论是在学业任务上,还是在日常生活中,规划谬误都是普遍存在的,其预估错误的概率为 20%~50%。这种现象无关人格特质,也不只存在于个人身上,群体在协商估计任务的完成时间时也会出现这一问题。

波士顿的"大开挖"高速公路建设项目,原本设想用 5 年时间完成,实际上却用了 16 年;悉尼歌剧院预计在 4 年内建成,实际上却花了 14 年!

规划谬误是一种认知错觉,其主要原因是人们倾向于从更加乐观的角度看待自身以及周围世界的发展和未来情况,屏蔽掉执行过程中的诸多阻碍与艰辛,自动把完成任务所花费的时间缩短。

一旦开始执行,真实的困难就会冒出来,且必须花费一定的时间才能解决,致使原本预测的时间显得严重不足。要减少规划谬误的发生,我们可以尝试以下几种方法:

(1)使用历史数据,以过去完成实际任务花费的时间为参考。

(2)请旁人帮忙估算时间,力求更客观。

(3)预估时间范围,或设定缓冲时间。

(4)在"情绪低谷期"制订计划,减少过度乐观的倾向。

# 28 "连这都不知道？"这句话很蠢！

> **知识诅咒** | 一旦我们自己知道了某样东西，就很难想象不知道它的时候是什么样子。

孩子有一道数学题不会做，让你给他辅导一下。你带着满满的自信给孩子解答，你自认为讲得很清楚、很详细，可孩子却说没听明白。

你让先生下班顺路买个面包，你觉得他肯定会去蛋糕房买你平时吃的那款全麦果仁吐司，结果他却在便利店里买了一个满是添加剂的其他牌子的面包，里面还是你不喜欢的红豆馅。

新来的下属还没有承接工作任务，你想起明天的会议需要一篇发言稿，就安排她根据会议的主题写一篇。过了一会儿，下属找到你，说她不知道你的观点是什么。

你跟朋友聊天，说起年底的业绩考核又要开始了，要求极为严苛，并将具体的标准给朋友过目。朋友一脸茫然，说："这都是什么呀？我都看不懂。"

为什么自己觉得很简单、无须过多解释、别人也应该明白的东西，身边的人却一无所知？到底是自己没有说清楚，还是对方孤陋寡闻、理解能力欠佳？绝大多数情况下，很少有人会怀疑自己，总觉得是对方不用心、不在意、理解能力欠佳，甚至忍不住冒出一句特别伤人的话——"你连这都不知道？"

好心提醒一下，以后别再说这句话了！真的不是对方无知、敷衍、不走心、不动脑，而是你以为自己知道的事情别人也一定知道，这种认知偏差叫作"知识诅咒"。

1990年，伊丽莎白·牛顿在斯坦福大学做了一个实验：

受试者分为两组，一组扮演敲击者，一组扮演听众。研究员给每位敲击者都发了一份名曲清单，上面有《星条旗之歌》《星条旗永不落》《祝你生日快乐》等广为流传的曲目，他们要做的是从中挑选一首曲子，在桌子上敲出这首歌曲，并让听众根据敲击的节奏猜歌名。

这听起来似乎很简单，可在实验的过程中，敲击者敲出了120首曲子的节奏，而听众只猜出了3首，猜中概率仅为2.5%。更有意思的是，在听众猜歌名之前，研究员让敲击者预测听众猜对的概率，他们的预测概率是50%。

敲击者在敲打曲子时，自认为每2首曲子中，听众至少可以猜出1首。实际上，他们敲打了40首曲子，听众才只能听出其中的1首。毕竟，敲击者在敲打时，脑子里盘旋着这首歌的曲调，并认为自己敲打得很清楚。可是，听众的脑子里没有歌曲的信息，他完全不知道对方在敲什么，听到的只是"嗒，嗒嗒，嗒嗒嗒"的敲打声，猜测的难度很大。

哈佛大学教授埃里克·马祖尔认为，人们对某事了解得越多，把它教授给其他人的难度就越大。要打破知识诅咒，必须明白信息的接收者是他人，而不是自己。

我们要从他人的角度去思考问题，用对方已知的信息、听得懂的

CHAPTER 2
认知觉醒的第一步是什么？

语言去解释新的事物，必要时可以借助图像或故事来表达。在表达过程中，还要不断跟听者确认"我说清楚了吗"，确保他们真的知道你在说什么。

## 29 你为零风险花了多少钱?

> 👉 **零风险偏差**　人们往往更倾向于将某种低风险的概率降到零,即使通过另一种选择可以降低整体风险。这种偏差源于对风险的恐惧和不安,以及对确定性和掌控感的追求。

俄罗斯轮盘赌是一种残忍的赌博游戏,它需要的道具是一把六发式左轮手枪和一颗子弹。游戏开始后,将一颗子弹装入左轮手枪,扣上转轮,闭锁。然后,用手拨转轮使其快速旋转,直至停在某一随机位置。游戏双方轮流拿起枪,对准自己的头扣动扳机,直至有人死亡或退出,其间不得私自拨动或者推出转轮弹仓。

假设你参与了模拟的俄罗斯轮盘赌游戏,且现在轮到你扣动扳机,请你回答两个问题:

(1)假设你知道枪膛里有4颗子弹,你愿意付多少钱,将其中的2颗子弹从枪膛里取走?

(2)假设你知道枪膛里只有1颗子弹,你愿意付多少钱,把这颗子弹从枪膛里取走?

通常来说,多数人都愿意为第二种情况支付更多的钱,因为取走了

# CHAPTER 2
认知觉醒的第一步是什么？

那颗子弹，就可以将死亡的风险降为零。可是，单纯地看死亡概率降低的幅度，这其实并不划算。

我们来看一组数据：第一种情况将死亡概率降低了 1/3，第二种情况将死亡概率降低了 1/6。照此来说，第一种情况其实是更有利的，但人们在面对选择时，却更倾向于选择那些看似没有风险或风险最小的选项，尽管这些选择并不是最优的。

就像灯光吸引飞蛾一样，人们只信任零风险。为了彻底消除微小的剩余风险，人们常常愿意投入过多的钱，事实上，这些钱原本可以用作更好的投资，更显著地降低另一种风险。这种认知偏差，被称为"零风险偏差"。

美国 1958 年颁发的食品法规定，禁止在食品中使用任何可能致癌的添加剂。这一全盘禁止（零风险）的规定听起来很好，但实际上导致了不致癌却更危险的添加剂的使用。

毒理学之父帕拉塞尔苏斯早在 16 世纪就告诉我们，有毒只是一个剂量的问题。最后，美国食品法的这一项规定没有办法实施，因为根本无法去除食品中所有的"违禁"分子。倘若得以实施，那么这种食品的价格会上涨数百倍。

零风险偏差让人过分追求安全和稳定，从而忽视了生活中的不确定性和风险。接受"没有什么是完全安全的"这一现实，反而可以更从容地面对挑战和变化。

## 30 本命年穿红袜子能避祸吗？

> **迷信**｜对某个不变的事物进行唯一性的极端相信，相信神灵鬼怪等超自然的东西，毫无根据可循。

"今年本命年，你要穿红袜子，这样可以避祸。"

"把可乐罐绑在婚车上，能驱赶不干净的东西。"

"新年就要放鞭炮，这样才能吓跑'年兽'！"

"别从这梯子底下走，之前这里死过人。"

类似这样的说辞，几乎每个人都能补充一连串，在这里要提醒大家：一切迷信都是荒谬的。迷信让人从思想上脱离现实，当我们应该关注现实中的事物时，它却让我们把时间和精力投注在思考虚假的事物上。

从梯子下走过，有可能会被掉下来的东西砸到，这个危险是真实存在的，就好比在路上行走存在被车撞到的可能。但，仅仅是有这种可能，不是必然。迷信让人从思想上脱离了这一现实，使人相信"从梯子下走过"这件事会对"命运"产生不好的影响，这纯属是无稽之谈。

面对社会生活中的迷信现象，我们要保持清醒的头脑，不要为了无中生有的迷信浪费时间、精力和金钱。

# 31　宁可撑着也要把东西吃完

> **协和谬误**　在某件事情上投入了一定成本，进行到一定程度后发现不宜再进行下去时，却因无法割舍沉没成本选择将错就错，陷入更深的困境。

小K在一家健身俱乐部办了会员卡，准备在未来一年内好好锻炼身体。不料，办卡后不久，他被查出了腱鞘炎，医生告诉他治疗期间要静养，不能剧烈活动。这就意味着，他在接下来的几个月内，都不能去健身房了。

刚刚才开的卡，还没有消费呢！小K和健身房协商想要退卡，但被告知活动价格办的卡不能退或转让。唉，不来健身房锻炼，这张卡就等于作废了。小K越想越不甘心，最后竟然不顾医生的建议，坚持去健身房锻炼，还安慰自己说："我不做剧烈的活动就是了。"

小K不知道带病锻炼对身体有损害吗？他当然知道！可是，如果这张卡不退，如果不去健身，就等于白白浪费了办卡钱，这让他无法接受。

生活中还有许多类似的情形：花钱买了电影票，即使影片不好看，也要耐着性子看到最后；到高档餐厅吃饭，明明吃饱了，但看到盘子里还有食物，宁肯撑着也要把东西吃完。

带伤运动可能会加重病情，花更多的医药费；耐着性子看无聊的电影，无疑是浪费时间；吃饱了还要吃，撑到胃痛，显然是跟自己过不去……这些行为显然是不理性的，甚至是愚蠢的，可人们为何宁肯让自己难受也要这么做呢？

答案很简单，他们掉进了协和谬误的思维陷阱。

当人们在某件事情上投入了一定成本，进行到一定程度后，发现这件事不适宜再继续下去，可因为不舍得之前投入的金钱、时间、精力等沉没成本，从而选择将错就错。

协和谬误揭示了人们在面对损失时的非理性行为，不是所有的事情坚持到最后都有好结果。无论之前为某件事投入了多少成本，那些成本都是无法挽回的。选择放弃，固然会遭受一点损失；可若不止损，付出的代价会更大。很多时候，我们要敢于认赔服输、半途而废，从沉没成本中及时抽身，这样才能拥有新的开始，而不是在协和谬误的沼泽里苦苦挣扎。

# 32 真的是苍蝇不叮无缝蛋吗?

> **公正世界谬误** | 人们认为世界是公正的,有因必有果。一个人受到了伤害,一定是他做错了什么;如果他没有做错,就不会受到伤害。

当一个人受到欺负时,总有人会质问:"为什么他们不欺负别人,偏偏欺负你?"

当一个人遇到骚扰时,总有人会评判:"谁让你穿得那么暴露,你应该反思。"

当一个人被偷窃时,总有人会指责:"你自己没有妥善保管物品,怪得了谁?"

当一个人遭到诈骗时,总有人会埋怨:"你就是太轻信别人了,没有戒备心!"

无论所指的具体内容是什么,这些言辞的逻辑都是一样的——"苍蝇不叮无缝蛋",你被凌辱、被侵犯、被偷窃、被欺骗……全是你自己导致的,怪不了别人!

很显然,这是典型的受害者有罪论。忽略施害者的恶行,把重点转移到被害者的身上,找寻被害者的错误。多么荒唐的偏见,可是这一偏见却一直存在于现实生活中，让人们对受害者横加指责和批判。

为什么人们在面对受害者时，会出现如此愚蠢的认知偏差呢？

原因就是，人们需要相信自己生活在一个公正的世界，遵循"善有善报，恶有恶报"的法则。如果无辜者蒙难、好人遭受厄运，这种公正世界信念就会受到威胁，让人陷入矛盾之中。为了维护这一信念，人们会采取各种方式在心理或身体上疏远受害者，或责备受害者。

1966年，心理学家勒纳和同事开展了一系列实验，试图研究观察者对受害者的态度。他们招募了一批女性受试者，让她们观察另一位女性（实则是演员）的"学习测试"，即回答问题有误就会遭受电击。实验过程中，所有的电击和受害者的反应都是假的，但受试者并不知情。起初她们觉得太过残忍，都不忍直视。随着实验的进行，受试者对受害者的态度逐渐发生了转变，从同情变得充满敌意。

观看完整个过程后，研究员告诉受试者，接下来要继续观看同一个人参加测试和被电击的场景。有一些受试者被告知，之后的电击会变本加厉；另一些受试者被告知，在痛苦的测试结束后，受害者将会得到一笔丰厚的实验酬劳。

在上一阶段测试的结尾，受试者对受害者已经产生了敌意，鉴于这一点，研究者认为：如果受试者得知受害者将会获得金钱奖励，她们一定会倍感愤怒，甚至辱骂受害者。然而，实际的情况却是，受试者在得知这一情况后，对受害者的敌意消失了，取而代之的是赞赏。真正对受害者产生厌恶之情的，是那些被告知受害者将会接受更多惩罚的受试者，她们认为受害者遭到电击是因为她太笨了、表现不好，总是给出错误的答案。

对于这样的实验结果，勒纳解释说：当人们看到无辜的人受到伤害而又无法解救时，会感到自身的公正世界信念受到了威胁。为了抑制这种感觉，他们会为受害者制造一个理由，认为他的悲惨遭遇完全是应得的。后续，勒纳又开展了几次重复实验，结果都证明：在困境无法解决的情况下，研究者越让受害者显得"无辜"，受害者遭受的贬低就越多。

想要降低公正世界信念的负面影响，最简单的办法就是提出更多的问题，如：为什么作恶者会持续做出伤害行为？心理学家通过实验发现，当报道的语言、思考的视角侧重于作恶者的行为时，受害者遭受的指责会明显减少。

# CHAPTER 3
# 你以为的你是真实的你吗?

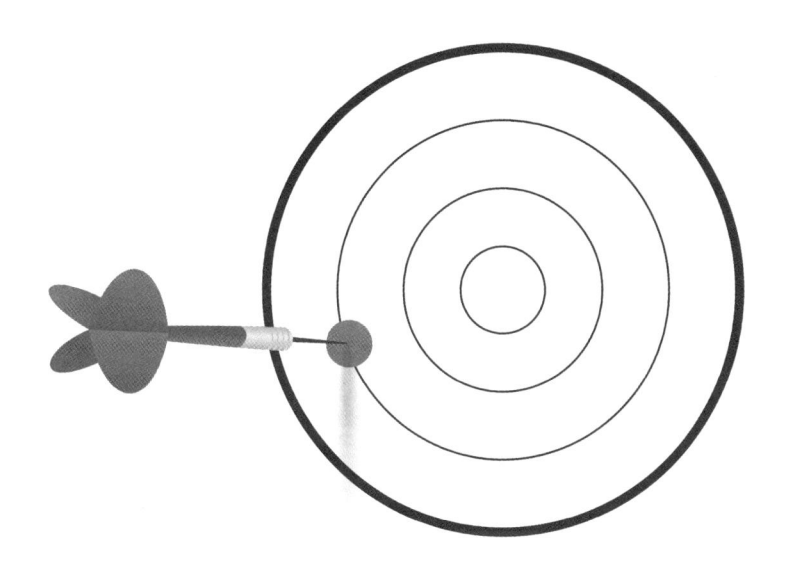

人对自我的知觉并不准确

## 33 谁能比我更了解我自己？

> **自我知觉偏差**　人们通过自己的行为和行为发生的情境，了解自己的态度、情感和内部状态，这种认识方式存在多种偏差和限制。

古代有个衙役押送一名罪犯到边疆。这个衙役脑子不太好使，记性也很差，每天早晨上路前，都要清点一下重要的东西：先摸摸包袱，告诉自己"包袱在"；再摸摸罪犯的官府文书，告诉自己"文书在"；而后摸摸罪犯身上的枷锁，告诉自己"罪犯在"；最后摸摸自己的脑袋，说"我也在"。

连续数日，衙役都会重复这个过程。狡猾的罪犯发现了其中的规律，就想到了一个逃跑的计策。晚上，他们在客栈住下，吃饭的时候，罪犯不断地给衙役劝酒，结果衙役喝得酩酊大醉，呼呼睡去。罪犯找到一把刀，给自己解绑后，又将枷锁戴在衙役身上，随后逃之夭夭。

第二天早晨，衙役醒来，又开始清点物品："包袱在，文书在，枷锁呢？"衙役很着急，忽然他看见自己身上的枷锁，瞬间松了一口气："噢，罪犯也在。"忽然间，他又紧张起来："我呢？我去哪儿了？"

这个故事听起来匪夷所思，怎么会有人蠢到这种地步呢？其实，这个笑话的背后隐藏着一个深刻的问题——我们真的认识自己吗？我们眼中的自己是真实的自己吗？

认识自己在心理学上称为"自我知觉"，是指人们对自己的需要、动机、态度、情感等心理状态以及人格特点的感知和判断。

准确的自我知觉可以有效地帮助我们进行社会调适，让心理和行为朝着良好的方向发展。一个人越了解自己就越有力量，因为他知道自己具有什么样的能力，能够做什么样的事情，自己的人生方向在哪儿，如何扬长避短发挥出自己的潜力。

我们能不能清醒地认识自己呢？坦白说，很难。因为人无法做到时刻反省自己，也不可能始终将自己放在局外人的位置来进行观察。更多的时候，我们只能借助外界的信息来认识自己，可外部的环境复杂多变，这就使得我们在认识自我的过程中，可能会受到外界信息的干扰或暗示，从而产生偏差。

## 34 为什么做贼之后会心虚？

> **透明度错觉** | 人们总是错误地认为，自己的心理状态会被他人知晓。

小秋要在公司的年度汇报上演讲，因为是第一次上台做报告，她紧张得一塌糊涂。她害怕站在台上被领导和同事关注，担心自己在演讲过程中说错话，或是在行为上出丑。

整个汇报过程持续了15分钟，小秋的手心沁着汗水，腿也一直在抖。在演讲结束之后，她想到自己在台上的紧张之态被大家看在眼里，瞬间觉得难堪至极。

然而，让小秋没想到的是，当所有小组汇报完毕后，领导竟然表扬了她，说她的总结很细致，数据清晰明了，PPT做得也很有新意……小秋一边享受着赞赏，一边又为自己在台上的表现感到难堪，她心想：我都紧张成那样了，领导没看出来吗？

当众演讲对任何人来说都是一种考验，即使是经常演讲的人，也未必完全没有紧张感。我们总是觉得别人在演讲时表现得都很自然，唯独自己站在台上时声音颤抖、手心冒汗、两腿发抖……对小秋来说，汇报时的紧张感是真实存在的，但这是否意味着台下的领导和同事都能看出小秋的紧张呢？抱歉，人家没长"透视眼"！

人们总能敏锐地觉察自己的情绪，因而很容易出现透明度错觉，即高估自己的个人心理状态被他人知晓的程度，这是一种心理错觉。

美国社会心理学家基洛维奇和萨维斯基，曾经邀请40位康奈尔大学的学生，两人一组进行"3分钟即兴演讲"。

研究员指定一个演讲话题，一人站在台上即兴演讲（演讲者），另一个人坐在台下当观众（观察者）；之后，两个人调换位置，另一人就研究员给出的新话题进行演讲。演讲结束后，演讲者和观察者都要对自己和对方的紧张程度进行1~10分的评定。

结果显示：受试者认为自己（平均6.65分）比他们的搭档（平均5.25分）看起来更紧张。为了检验结果的可信度，基洛维奇和萨维斯基又重复了这个实验：让受试者在一些被动的听众面前演讲，力求不被观众分散注意力。结果再次显示，人们高估了自己所表现出来的紧张程度。

如果提前告诉演讲者他们的紧张并没有那么明显，能不能让他们放松一些呢？基洛维奇和萨维斯基很想知道答案，于是又继续展开实验研究。结果正如他们所想，事先告知受试者社会调查研究的结果，再进行上述的实验，受试者的透明度错觉会明显下降。

下一次，当你担心自己在人前表现得太紧张时，不妨提醒自己——"其实，我没有想象中那么尴尬，别人也没有那么在意我，是我太关注自己了。"

## 35 换作别人也会这么想？

> **虚假普遍性** | 人们总是倾向于错误地认为，他人会像自己一样思考和行事。

美国心理学家罗斯的团队做过一个"广告牌实验"：

研究员询问一些学生，是否愿意在胸前和背后挂上一个广告牌在校内进行宣传。在知晓学生的意向后，再请对方猜测其他的同学是否会同意。

结果显示：如果某学生自己愿意，他会认为其他同学也愿意；相反，如果某学生自己不愿意，他会认为其他同学也不愿意。

实验结果揭示了一个现象，人们在生活中经常会以己度人，下意识地认为自己的想法或行为是普遍且适当的，哪怕有些想法或行为可能是错误的，人们依然会认为自己没问题，在同样的情境之下，换作其他人也会这么想或这么做，以此将自己的错误正当化，劝说别人认同自己的想法和行为。这种认知偏差在社会心理学中被称为"虚假普遍性"。

人们为了增强自我形象，常常把自己的特性投射到他人身上，高估或夸大自己的信念、判断及行为的普遍性，过高地估计他人对自己观点、行为的认可度。

这种虚假普遍性的认知偏差是怎么产生的呢？

从本质上来说，这是一种与自我中心主义相关的心理现象，正如心理学家塔尔玛德所说："我们并不是客观地看待所有事物，而是总是从我们自己的角度出发看待事物。"

人们在进行判断时需要借助一些信息来进行分析，而最容易获取的信息就是自己头脑中的想法了。所以，我们很容易把自己的想法当成重要线索对他人进行分析，从而得出"别人和自己一样"的结论。

## 36 你真有那么与众不同吗?

> **虚假独特性** | 人们倾向于认为自己的品德、智慧、才气是独一无二的,别人都不如自己。

人的心理很复杂,同时也很有趣。犯了错误的时候,总觉得自己不是特例,在同样的情境之下,人人都会做出和自己一样的选择;然而,做出成绩的时候,却觉得自己很了不起,并不是谁都有这样的才华和能力。

其实,这两种想法都是认知偏差,前一种是低估别人,叫作"虚假普遍性";后一种是高估自己,叫作"虚假独特性"。总而言之,都是自我认知系统在扭曲事实和真相。

在作投资决策时,虚假独特性往往会表现得更为明显。人们经常会高估自己、低估庄家和他人,认为自己肯定不是最后一个接盘的傻瓜,不可能被套牢。大量的事实证明,许多投资决策者的能力远比自己想象的要低,他们被贪欲冲昏了头脑,被虚假独特性蒙蔽了心智,最后惨遭败局。

我们总是不知不觉地在"虚假普遍性"和"虚假独特性"之间徘徊,不是高估自己,就是低估别人。自信固然是一个好品质,可这两种认知偏差提醒我们,不要盲目地觉得自己有多高明、多厉害,万事都要获取足够多的信息和事实,再作判断和决策。

## 37 成功全靠努力，失败全怪运气

> **自我服务偏差** | 人们总是过分强调自己对成功的贡献，缩小自己对失败的责任，以有利于自身的方式进行自我认识，潜在地认为自己比别人好。

美国专栏作家戴夫·巴里说过一番耐人寻味的话："无论年龄、性别、信仰、经济地位或种族有多么不同，有一件东西是所有人都有的，那就是每个人的内心深处都相信，自己比普通人要强。"

人们在加工和自我有关的信息时，为了保护自己的自尊不受威胁和伤害，往往会朝着有利于自我价值确立的方面倾斜，拒绝负面反馈的有效性，只关注自己的优点和成就，从而错误地认为自己各方面的表现都比普通人要优越。

在一项针对澳大利亚人的调查中，有86%的人认为自己的工作业绩高于平均水平，只有1%的人认为自己在平均水平线之下。多数人的自我感觉都是良好的，哪怕是一个低自尊的人，给自己打分也偏向于中等水平。

这种自我良好的感觉，在心理学上叫作"自我服务偏差"，本质上是一种归因错误。人们在看待成败的问题时，总是倾向于把好的结果归因于自己，把坏的结果归因于外部。自我服务偏差可能会导致人们无法客观地看待自己，看清问题的根源，造成决策失误。

这种认知偏差会一直存在，从侧面说明它对人类的生存是有意义的。心理学家奥尔森与罗斯认为，把功劳归于自己，把失败归于外部，有助于增强自我价值感；心理学家格林伯格认为，良好的自我感觉和安全感可以消除人们对死亡的恐惧；社会心理学家戴维·迈尔斯则说："认为自己比真实中的自我更聪明、更强大、更成功，这也许是一种有利的策略……对自我的积极信念，同样会激发我们去努力，并在困境中保持希望。"

# 38 你是一个有主见的人吗？

> **从众效应** ｜ 一个人受到群体的影响，会怀疑并改变自己的观点、判断和行为，朝着与群体大多数人一致的方向变化。

社会心理学家所罗门·阿希在 1951 年设计了一个著名的实验：

受试者被分成 7 人一组，围坐在一张桌子旁。研究员每次向他们展示两张卡片，其中一张卡片上有 1 条竖直的黑线（标准线），另一张卡片上有 3 条长度不等的竖直黑线（比较线），其中 1 条比较线的长度与标准线完全相同，而另外 2 条线的长度与标准线明显不同。7 名受试者要依次回答，3 条比较线中的哪一条与标准线的长度相同。

在正常情况下，99% 的人都能选出正确答案，毕竟长短差别很明显。可是，实验中的情境有些特殊，每组的 7 位受试者中只有第 6 位是真受试者，其他 6 人都是事先接受过培训的实验助手，他们被要求在回答问题时要给出一致的错误答案。

你认为，受试者在这项实验中选择正确答案的概率是多少？

在 18 次选择中，实验助手有 12 次故意出错，实验结果显示：受试者最终的正确率是 63.2%，有 75% 的受试者至少有一次选择了与实验助手们相同的错误答案，有 5% 的人从头至尾都选择了与实验助手一致的错误答案，只有25%的受试者一直坚持自己的观点，即正确答案。

这个实验的测试题是很简单的，且受试者都是大学生，可测试的结果却令人意外。如果题目的难度再大一些，受试者是素质参差不齐的群体，情况又会如何呢？

**阿希的实验揭示了一个事实：个体的行动会受到他人行动的影响。**

我们在生活中经常会听到这样的说辞："别人都这么做""谁不是这样的"……言外之意，多数人的想法和做法是评判是非、衡量好坏的标杆。其实，这是一种严重的认知偏差。从众心理驱使下的多数人的意见，并不能作为是非判断的标准，也无法作为论证某个论点的论据。我们要辩证地看待"从众"，慎重考虑多数人的意见和做法，保持独立思考的能力，基于理性和事实来作决策。

# 39 那是你自己的真实看法吗？

> **变色龙效应**　人们对现实的看法未必都是自己的观点，也可能是群体的看法，或者是群体中某个人的看法。因为人类有易受暗示性，会不自觉地受到周围人的影响。

美国西北大学的心理学家雅各布斯与坎贝尔在实验室里研究了错误信念的传递过程：

利用似动现象，研究员让助手夸张地估计光点的移动距离。紧接着，助手离开实验室，真正的受试者开始实验，继续估计光点的移动距离，以此类推。虽然这种夸张的错觉在逐渐减少，但依然持续到了第5名受试者。这些受试者在不知情的情况下传递着"错误文化"。

现实生活中，人的易受暗示性很常见，也颇为有趣：当身边人都很高兴时，我们也会感觉很愉快；当身边人难过时，我们也会不自觉地跟他们产生类似的心境。不仅如此，同一个社会团体或群体中的人，也很容易拥有相似的心境，这种现象被英国谢菲尔德大学心理学教授彼得·托特德尔称为"心境联结"。

你可能想象不到，就连咳嗽、打哈欠这些行为，也跟笑声一样具有传染性。心理学家罗伯特·普罗维尼做过一个实验：邀请受试者观看一段 5 分钟的视频，视频中的男子在不停地打哈欠。结果，有 55% 的受试者在观看时打了哈欠，因为打哈欠的脸孔就像刺激物，会激起哈欠固有的行为模式。

美国心理学家沙特朗和巴奇认为，人们在社会交往中存在"变色龙效应"，即个体会无意识地模仿他人的动作，包括打哈欠、表情、口音、情绪、呼吸频率等。

变色龙效应的存在，会让个体在没有明确意图的情况下做出从众行为，而行为本身又会影响个体的态度和情绪，使其对他人的心境感同身受。其实，无论是易受暗示性，还是变色龙效应，有时是可以给人带来益处的，毕竟根据相似性法则来看，人们往往更喜欢那些在言行和想法上与自己接近的人。

## CHAPTER 3
你以为的你是真实的你吗?

# 40  你不是那块料? 别自欺欺人了!

> **☞ 习得性无助** ｜ 个体在长期遭遇无法预测或控制的负面事件后,逐渐失去改变或掌控情况的信心,认为做再多的努力也无济于事,最终选择不再反抗。

　　潇潇是校篮球队的主力队员,也是最给力的得分后卫,有出色的外线远射能力和跳投能力。每次打完比赛,虽然消耗很大,可潇潇并不觉得累,打篮球这件事对他而言是娱乐,也是精力的"加油站"。

　　要是学英语也能像打篮球一样就好了!潇潇一想起自己的英语成绩,就会瞬间颓丧起来。置身于英语教室的他,完全打不起精神,眼神暗淡无光,一副生无可恋的样子。尤其是英语精读课程,他几乎每次都是打着哈欠上完课的,对待老师安排的作业也总是拖拖拉拉,经常被点名后才记得做。

　　英语老师提醒潇潇,要是再不努力的话,考试都很难通过。潇潇知道后果很严重,却也只能无奈地说:"老师,我真不是学英语的料,从小到大就没考过好成绩……"听到潇潇的这番自我评价,英语老师意味深长地说了一句:"你可能是习得性无助了。"

　　1967 年,美国心理学家塞利格曼在研究动物时提出,人们会因为重复的失败或惩罚而产生放弃努力的消极行为。

塞利格曼用狗做了一项经典的实验：把狗关在笼子里，只要蜂鸣器一响，就对狗施加电击，被关在笼子里的狗无法逃避，只能默默忍受。反复进行多次之后，研究员改变了操作模式，当蜂鸣器响起后，不对狗施加电击，而是将笼门打开。此时，狗不仅没有逃跑，且未等电击出现就先倒在地上呻吟和颤抖，绝望地等待着痛苦的降临。

当一个人面对不可控的情境，认识到无论怎样努力都无法改变不可避免的结果时，就会产生放弃努力的消极认知和行为，表现出无助和消沉等负面情绪。在陷入习得性无助后，他又会不自觉地按照"预言"来行事，最终令预言成真，从而身心状态进一步恶化，影响自身的理性判断和学习能力。

潇潇自认为不是学英语的料，所以就算有时间和精力，他也不会主动去学英语，因为他认定自己学不会。结果可想而知，他的英语成绩肯定是一塌糊涂。糟糕的成绩进一步加深了潇潇对自己的看法——"我果然不是学英语的料"。

习得性无助犹如一片心理沼泽，落入其中的人，绝望地看着自己一点点地下沉，却什么自救措施也不做。他们觉得无法自救，没有能力自救，但其实真正限制他们行动和自救的"锁"，是歪曲的认知和固执的思维。

塞利格曼认为，消极的行为事件或结果本身并不一定导致无助感，只有当这种事件或结果被个体知觉为自己难以控制和改变时，个体才会产生无助感。

习得性无助是人在面对痛苦的时候自发产生的一种动物本能。想要消除习得性无助感，最重要的是改变不良的归因模式，不要总把失败归因于能力。一次没做好不代表下一次、下下次都做不好。面对挑战,要不断尝试,增加重复次数与强度,为自己累积优势。

电影《肖申克的救赎》里,对于习得性无助具备极强免疫力的男主角安迪说:"每个人都是自己的上帝,如果你自己都放弃自己了,还有谁会救你? 怯懦囚禁人的灵魂,希望可以令你感觉自由。这个世界上可以穿透一切高墙的东西,就在我们的内心深处,那就是希望。希望是美好的事物,也许是世上最美好的事物,美好的事物永不消逝。强者自救,圣者渡人。"

## 41 亲手毁了机遇，你在做什么？

> **自我妨碍** ｜ 个体故意给自己的成功之路设置障碍、施加阻力，以避免或减轻失败的消极影响。

原本有资历晋升为部门经理，却在竞聘会来临之际，主动放弃了竞选；第二天要面试，却跟朋友喝酒到深夜，结果第二天起晚了，错过了面试时间；临近期末考试，好多内容还没复习，却把书本抛到脑后，疯狂地刷视频、打游戏……你有过这样的时刻吗？

这些行为看起来有点不合逻辑。明明很在意一件事，却并未朝着预期的方向努力，甚至下意识地背道而驰，为什么要这样做呢？

这像极了生活中的某些情景——"毁掉自己"。为了回避或降低不佳表现所带来的负面影响，故而外化失败原因的行为和选择，在心理学上叫作"自我妨碍"。

常见的自我妨碍行为有拖延、酗酒、破坏关系、情绪性进食等，但它并不是随意发生的。研究显示，越是重要的事情，自己的表现越容易引起他人评价，自我妨碍行为就越容易发生。

自我妨碍看似是一种故意破坏的行为，但其真实目的是实现自我保护。当自我形象与行为表现紧密相关时，人们很难接受自己倾尽全力却遭遇失败的结果，若是因为其他原因而遭遇失败，则相对更容易接受。如果主动给自己设置一些障碍，把有可能会发生的失败归于一些暂时的或外部的因素，而不是自身的能力不足，就可以保护自己的自尊；要是在设置障碍的情况下，仍然把事情做成了，刚好也可以提升自我形象。

虽然自我妨碍可以减少失败对自身的负面影响，但也只能在短时间内发挥作用。从长远的角度来看，这并不是一种成功的自我管理方式。研究发现，习惯性自我妨碍的个体，心理调节能力较差，在面临挑战时更容易拖延和退缩，这降低了其未来成功的可能性。

## 42 永远都是我一个人在忙！

**高估贡献程度** | 人们倾向于高估自己在与他人合作完成某事过程中的贡献。

"客户是我邀约的，方案是我写的，后续的跟踪也是我做的……说是团队合作，可关键性的工作都是我做的，想到这些就觉得不甘心，大家拿的可是一样的奖金！"

"我每天要打扫房间，给全家人做早晚饭，还要洗衣晾晒，做不完的家务活！平时还要操心水费、电费、燃气费，收拾整理换季的衣物……要不咱俩换换，以后你来照顾家，我去上班好了，操持一个家太辛苦了！"

"下次不想再和她一起旅行了，感觉每天都是我在思考要去哪里玩、要吃什么、要走哪条路线更合适，这些都是很'烧脑'的事情，真是太累了！"

你是不是也经常会产生这样的感慨？特别是在与他人合作处理某些事情时，总觉得自己是干活最多、操心最多的那个人，而队友似乎一直比较清闲，并没有自己这么累。为此，你心中忍不住生出一些怨气：哼，都是我一个人在忙！

接下来我要说的话，你可能不信，也可能会更生气：当你觉得自己最辛苦时，你的队友也是这么想的，他也觉得自己付出最多、贡献最大。

心理学家曾经邀请多组夫妻共同参与一项实验，让他们用百分比来表示自己对家庭生活的贡献程度，如照顾孩子、准备餐食、家务劳动等。如果丈夫和妻子分别作出准确的自我评价，那么两者的贡献程度之和应当是100%，实验的结果是不是这样呢？

很遗憾，多组夫妻的贡献之和都超过了100%！这一结果意味着，夫妻中至少有一方，高估了自己对家庭生活的贡献程度。

为什么人们会夸大自己在与他人合作完成某事的过程中的贡献程度呢？

因为自己与他人获取的信息不同，与他人的贡献相比，人们更容易想到自己的贡献。

心理学家曾经开展过一项调查研究，让一些大学生评价自己在所属团队的活动中的贡献程度。结果显示，随着团队成员人数的增加，受试者高估自身贡献程度的倾向越发明显，最终受试者自我认定的贡献程度之和也越来越大。

无论是在团队工作中，还是在家庭生活中，当你感到"只有我一个人在忙活"时，请记得提醒自己，你和别人掌握的信息是不一样的。

# 43 错不在我，是他们逼我的！

> **自我辩护** 当错误发生时，为了避免认知失调的痛苦，人们的第一反应是给自己找借口。

"我不是故意迟到的，谁知道路上会有事故呢！"

"怎么能全怪我呢？你要是提醒我一声，我也不会忘啊！"

与他人发生冲突时，我们很难站在客观的立场上审视彼此的错误，往往会站在自己的立场上认为自己是正确的、是好人。即使是犯下了重罪的人，也可能会试图证明自己的行为是正当的。所以，我们经常会在纪录片或影视剧中看到这样的桥段——

杀人犯被逮捕后，丝毫没有悔过之意，不停地为自己辩解："我是被逼的，都是他们逼我的。他们要是不逼我，我也不会这么做。"

偷窃犯被抓后，愤愤不平地说："要是有活路的话，谁愿意去当小偷？这个社会太不公平，我实在没有选择了。"

抢劫富人的劫匪，被抓获后义正词严地说："我抢他是应该的，他的钱不是正经挣来的，都不干净。我把钱给自己、给有困难的人，这是劫富济贫。"

明明自己做错了事，或触犯了法律，却非要把责任推到其他人身上，认为错不在自己，这是什么逻辑呢？

这种行为在心理学上叫作"自我辩护"，是指人们会对自己的愚蠢看法、糟糕决定和伤害性行为找借口进行辩解。

自我辩护是一种自我保护机制，无论我们所犯的错误是大是小，能否弥补，其结果带来的负面情绪是一样的——懊悔、自责、内疚、失望，这些情绪对身心的伤害是很大的。大脑不想让身心经常遭受这样的折磨，它会想办法保护身心，而最简单直接的方式就是推卸责任，给自己所做的事情赋予一个合理的原因。说到底，自我辩护的本质就是认知失调。

以犯错来说，"我做错了事情"与"我还不错"这两种认知之间，显然是相互矛盾的，会给人带来不适感。要消除这种认知失调，暂时放下"我还不错"的想法，承认"我做错了"，就可以让态度与行为保持一致。然而，多数人不愿意用这样的方式解决问题，因为承认自己不那么明智、善良、正直、体面实在有伤自尊。相比之下，用另外一种方式来处理，即让自己和他人相信"我犯的错误是情有可原的"，便可以继续维持"我还不错"的认知。

现在你应该更容易理解，为什么许多人在犯错后会忍不住给自己找借口开脱了吧？他们就是想通过自我辩护让自己免受认知失调的痛苦，以免觉得自己比别人更糟糕、更愚蠢。这种不经意的自我辩护，往往会让人对现实进行扭曲，制约其发现自身的错误，更别说纠正错误了。

没有人愿意犯错，可若真的犯了错，我们该用什么样的态度去面对呢？

1. 把错误与人格区分开。

很多时候，我们不愿承认错误，是因为内心认为犯错是愚蠢的，不想被人说蠢。实际上，做了蠢事不代表智商低、人格差，要学会"就事论事"。

2.全然接受眼前的事实。

痛苦往往来自抵触情绪，无法面对错误和已经发生的事实。要秉持"诚服"的心态，全然地接受它，活在当下，才能寻求改变。如果总是抵触现实，只会浪费精力。

3.用实际行动做出弥补。

# 44 每个人都不觉得自己有偏见

> **无意识偏见** 人们可能认为自己没有偏见,但潜意识里仍然潜藏着对特定群体或特征的偏见。

多伦多大学的两位医生唐纳德·雷德尔迈尔和西门·巴克斯特,在查阅 2004~2009 年多伦多大学医学院的面试结果时意外发现:在雨天参加面试的学生,似乎比在晴天参加面试的学生得到的评分更低!

这个问题引起了两位医生的关注。他们把学生的面试结果与医学院入学考试的分数进行对比,结果惊讶地发现:面试分数的差异相当于把一部分学生的入学考试成绩降低了 10%!这足以决定学生是否会被录取,是否可以成为一名医生。

面试官是根据天气状况来决定录取哪些学生的吗?还是说,他们的心情无意间受到了天气的影响,而心情又进一步影响了他们对学生的看法?无论是哪一种情况,听起来都挺荒谬的,可事实确是如此。无论所作的决策是大是小,环境因素都会对我们造成影响,只是很多时候我们自己并没有意识到这一点。

心理学、认知神经科学、社会学等领域的专家观察了生活中的无数事件,进行了数百次的测试,结果都显示:人类有着根深蒂固的偏见,

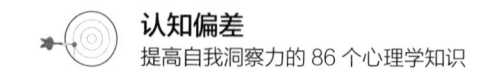

但人们从来都不觉得自己有偏见。

霍华德·J.罗斯在《无意识偏见：如何应对日常生活中的非理性》一书中，列举了大量无意识偏见的实证案例：

英国莱斯特大学心理学系音乐研究小组的研究员在实验中发现：如果超市播放的是法国手风琴音乐，顾客会更倾向于购买法国葡萄酒；如果超市播放的是德国啤酒屋的音乐，顾客则更倾向于购买德国葡萄酒。然而，顾客中只有14%的人在购物后承认他们注意到了音乐，只有1人表示音乐影响了他的购物选择，其他顾客压根儿就没有留意到这一点。

宾夕法尼亚大学沃顿商学院的教授研究了1991~2003年NBA裁判做出的共计60万次的犯规判定，在剔除大量的非种族因素后发现：白人裁判会给黑人球员吹更多的犯规哨；而黑人裁判会给白人球员吹更多的犯规哨，但从统计数据上看，黑人裁判的偏见并不像白人裁判表现得那么明显。

霍华德·休斯医学研究所的研究员经过实验证明了性别会影响科研人员的聘用情况：在面试实验室经理职位时，即使男性候选人和女性候选人的简历信息完全一样，教授们依然给男性候选人更高的评分，并开出更高的薪酬待遇。

这些行为都是偏见的表现，可人们从未意识到自己在这样做。正如美国心理学家布雷特·佩勒姆所说："实际上，所有的偏见都是无意识的。例如，'女性更善于养育，男性更有力量'，这一想法已经在我们心里根深蒂固了，就像巴甫洛夫的狗听到铃声就知道马上可以吃到食物一样，偏见让我们在生活中不用每遇到一件事就重新进行评估。"

## 45 为何人们不愿去看心理医生？

> **污名意识** 人们有时会预期他人对自己产生刻板印象。

一个女孩在 17 岁那年患上了抑郁症，没办法正常上学，但父母坚定地认为她没有问题，完全就是矫情，整天胡思乱想。女孩述说自己很痛苦，渴望寻求帮助，却遭到了父母的阻拦，父亲甚至还想找医生开一个诊断证明，证实她没有病，让她重返校园。

女孩无法忍受抑郁症的折磨，在家里自寻短见，好在被救了回来。父母这才意识到，孩子的问题远比他们想象的要严重，这才带女孩去看精神科医生，并进行心理咨询的辅助治疗。

当身体的任何一个器官出现问题时，人们第一时间就会想到看医生，并会感到安慰。可是，当心理不适时，无论是患者自身还是其家人，都很少会主动寻求帮助。因为在过去的很多年里，人们对心理问题缺少了解和正确的认知，对心理疾病患者产生了严重的偏见和歧视，给他们贴上了"变态""不正常""精神病"等污名标签。这就导致，即使人们意识到了自己存在心理问题，在"病耻感"的牵绊之下，也不愿或不敢去就医。

相关研究表明，心理疾病患者的病耻感明显高于癌症患者。简单心理与北京大学心理咨询与治疗中心联合发布的《2016心理健康认知度与心理咨询行业调查报告》显示，46.2%的受访者认为心理脆弱的人才会有心理问题，26%的人认为心理"有病"才需要做心理咨询。在偏差样本的情况下，仍然有很多人对心理咨询和心理疾病持如此消极的态度。

类似这样的现象，在社会心理学中被称为"污名意识"。

达特茅斯学院的两位研究员曾经做过一个实验：让化妆师在一些女生的右侧脸颊上画出一块明显的"伤疤"，并告诉她们这样做是为了测试其他人看到这块"伤疤"时的反应。实际上，这个实验的真实目的是，研究受试者在看到自己脸上的"伤疤"后，会如何想象他人对自己的看法。

化妆师在让受试者对镜独照之后，以"给疤痕固定"的理由，将这些疤痕悄悄地去除了，而受试者全然不知。接着，受试者就在研究员的安排下，与一位女士进行谈话。她们觉得，这位女士看自己的眼光很怪，带着一些紧张、冷漠和怜悯。实际上，这些都是受试者自己的臆想，她们以为自己脸上有"伤疤"，对自己的评价改变了，故而曲解了他人的行为。

污名意识很容易让人陷入自我制造的刻板印象威胁中，使人变得敏感多疑，错误地认为别人的反应是针对自身的某一特质，从而降低了幸福感。

CHAPTER 3
你以为的你是真实的你吗？

# 46 你眼中的别人才是真正的你

> **心理投射** 人们经常把自己的感情、意志、特性、态度等加到其他对象的身上，从而遮蔽了客观的真实面貌。

1921年，瑞士精神科医生罗夏编制了一种测验人格的方法：

测验的材料由10张墨迹图组成，其中有5张是黑白的，3张是彩色的，另外2张除黑色外，还有鲜明的红色。这10张图片编有一定的顺序，施测的时候每次出示一张，同时问受试者："你看这像什么？""这让你想起了什么？"让受试者按照自己所想象的内容自由地描述。

这时，如实地记下受试者说的每一句话，记下其每一次反应所需要的时间，以及行为表现。记录完毕后，要询问受试者是根据墨迹的哪一部分作出的反应，以及引起反应的因素是什么。而后对回答内容进行详细的记录。

这个测验到底有什么作用呢？实际上，那些图片本身并没有特定的寓意，所有的情景内容都是受试者潜意识里的想法，他所看到的一切，就是他内心世界的投射。

心理投射是一种"以己度人"的心理倾向，是指个体把自己的思想、态度、愿望、情绪、性格等个性特征，不自觉地反映于外界事物或他人身上。

心理投射存在积极和消极之分。积极投射，是指一个人喜欢或欣赏别人身上的某个优秀品质，而事实上他自己可能也具有这样的品质，这样的投射驱使着他希望与对方相识。消极投射，是指一个人将自己身上的消极情绪排斥到外部世界，这些被排斥的消极内容是投射者本人所讨厌或害怕的东西。

一个脾气暴躁的人，会把发脾气的原因投射到他人身上，指责对方做了让自己忍不住发火的事情。事实上，这种投射往往都是不能被意识所接受的那些东西，也就是所谓的阴影。

一位不善言谈的女子，希望通过漂亮的外表吸引异性的注意，此时如果另外一个女子也采用了同样的方式，且表现得很成功，这个女子就很容易产生心理投射，认为对方采用的是"不正当的手段"。

无论是积极投射还是消极投射，都无法长久持续。倘若一个人对一位前辈非常钦佩，但随着交往的深入，在对方身上看到了许多不良品质，此时他就会产生"祛除投射"的愿望。这个过程是很痛苦的，因为它意味着之前的观念和行为是不当的。但是，为了整合自己的人格，加速个性化进程，祛除投射也是必要的，我们的心理就是在这个过程中获得成长的。

CHAPTER 4

# 为什么我们经常看走眼?

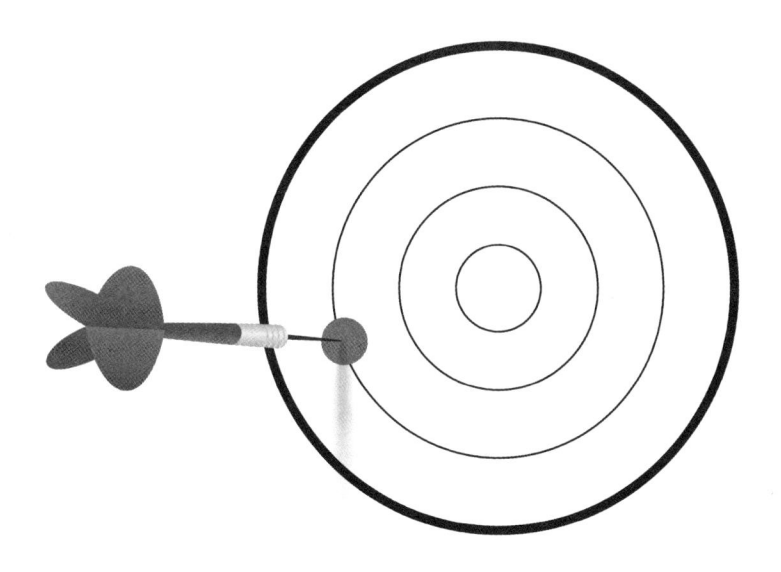

社会知觉偏差带来的误判

## 47 "杀猪盘"如何骗人入坑？

> **首因效应** | 先入为主的第一印象，常常会影响人们的判断和看法。

"我的直觉特别准，通常第一次见面就能看出一个人的品味和思想。"如果你是初次和说话者见面，听到这些话你是什么感觉？是觉得对方很厉害，担心被他看穿，还是觉得他狂妄自大？

无论你是相信他的识人能力，还是嫌恶他的自吹自擂，你眼中的他都未必是真实的他，那只是你对他的第一印象罢了。第一印象不总是可靠的，但这无损它的重要性。

心理学家做过一个实验，让四个人同时在路边搭车：

第一个人：戴着金丝眼镜、手里拿着文件夹的青年学者；

第二个人：打扮时尚、身材样貌出挑的年轻女孩；

第三个人：拎着塑料袋、满脸疲惫的中年妇女；

第四个人：染着彩色头发、穿着邋遢的男青年。

实验结果显示，第一个人（文质彬彬的青年学者）和第二个人（漂亮的年轻女孩）搭车的成功率最高；第三个人（疲累的中年妇女）稍微困难一些；几乎没有人愿意搭载第四个人（邋遢的男青年）。

美国心理学家洛钦斯认为，人与人在初次交往中留下的印象，在对方的头脑中占据主导地位。不同的外表象征着不同的人，随之也就有不同的际遇；给人留下什么样的第一印象，会影响后续交往的顺利程度。

心理学家曾经通过实验对首因效应进行验证。

研究员把受试者分为两组，向他们出示同一张照片。接着研究员告诉A组受试者："这是一个屡教不改的罪犯。"同时，又对B组受试者说："这是一位著名的科学家。"然后，要求受试者根据照片上的人的外貌特征分析他的性格特征。

A组受试者的描述是："眼睛深陷，隐含着几分凶狠的杀气；额头高耸，带着几分不知悔改的决心。"B组受试者的描述是："目光深沉，可以折射出他的深邃思想；额头饱满，诠释出他苦心钻研的意志。"

这个实验充分证明了首因效应的影响：如果第一印象形成了肯定的心理定势，会让人在后续的接触中倾向于挖掘对方身上美好的品质；如果第一印象形成了否定的心理定势，就会让人在后续的了解中倾向于揭露对方身上不好的品质。

与人交往时，我们可以充分利用首因效应，把自己最好的一面展示出来，为日后的深入交往打下良好基础。与此同时，我们也要提防一些别有用心之人反向利用首因效应。比如，在"杀猪盘"的诈骗手法中，骗子们总是披着华美的外衣，塑造出俊男美女、行业精英的第一印象，把当事人带进"先入为主"的迷宫。在获得良好的印象分后，又开始使用自我展示的技巧，用"坦诚"博得当事人的好感，让对方放下戒心，不自觉地对骗子产生好感。

## 48 以前不知道，他竟如此卑鄙！

> **近因效应**　在与他人的交往过程中，最近发生的事情往往占据主体地位，它可以掩盖过去发生的事，影响人们对他人的态度和看法。

L和邻居之间原本处得还算融洽，最近却因为对方总是占用楼道放杂物的问题，两家闹得不欢而散。之后再见面，彼此就像陌生人，往日的亲近友好全部被抹杀，只记得吵架时的恶语相向。L对邻居的态度和看法也发生了180°的大转弯："以前不知道，他竟如此卑鄙！"

在提出首因效应的同时，洛钦斯还提出了一个"近因效应"，指的是当多种刺激依次出现的时候，印象的形成主要取决于后来出现的刺激，即交往过程中，我们对他人最近、最新的认识占据了主体地位，掩盖了以往形成的对他人的评价。

美国心理学家开展过一个实验，研究信息的先后顺序对人们的最终判断所产生的影响。

研究员撰写两段文字介绍同一个人，第一段文字将此人描述得外向热情，第二段文字将此人描述得内向冷淡。之后，把两段文字按照不同的顺序交给两组受试者，请他们表达对此人的整体印象。

第一组受试者先看到的是描述外向热情的文字，之后做了一些活动和游戏，再看描述内向冷淡的文字；第二组受试者先看到的是描述内向冷淡的文字，之后做一些活动和游戏，再看描述外向热情的文字。结果显示，两组人员都更加倾向于保存后一次介绍的印象，也就是说，最新的信息对他们产生了更大的影响。

研究表明，初相识的人容易受第一印象的影响，而熟人之间更容易出现近因效应。根据记忆的规律，最新经历的一些事情往往是最容易回忆起来的。在想到一个人时，最近与对方之间的互动、相处是否愉快，很大程度上会影响我们对这个人的评价。

不过，无论是首因效应还是近因效应，都存在一定的盲区，我们要避免"一叶障目，不见泰山"，以片面的印象来下结论。正所谓"路遥知马力，日久见人心"，判断一个人还是要从长期来考察，这样才比较客观真实。

## 49 为什么人们习惯以貌取人？

> **光环效应**：人们在对一个人进行评价时，往往会因为对方某一品质突出或给人留下良好印象，而对这个人其他方面的品质也给予较好的评价。

妙莉叶·芭贝里在小说《刺猬的优雅》里，塑造了一个生动鲜活的人物形象——女门房勒妮。

从外表上看，勒妮是一个年老、丑陋的门房，在高档公寓里的住户跟前显示出的永远是一副邋遢、无知的样子，她力求符合人们心目中固有的门房形象。然而，她的内心深处却是一片葱茏的绿洲，在丑陋的外表之下，隐藏着的是一个饱读诗书、对哲学有独特理解、能与博士候选人就哲学问题平等对话的灵魂。

置身于现实中，如果遇到像勒妮这样外表冷漠、样貌丑陋的年老女性，也许多数人都不会把她跟知识渊博、富有内涵联系在一起，也鲜少有人会相信或下意识地去留意，这个外表长着刺、贫穷、不美、把自己封闭在无人之境的女性，有着不同寻常的优雅。

与勒妮对立的形象，是文豪普希金的妻子娜塔丽娅。

娜塔丽娅号称是"莫斯科第一美人"，著名文豪普希金狂热地爱着她,并选择与她结为连理。普希金以为,这么美丽的女人一定有着高雅的志趣。然而,每次普希金把写好的诗读给娜塔丽娅听时,她总是捂着耳朵说:"我不要听,不要听!"她更热衷于让普希金陪她游乐,出席豪华的宴会。为此,普希金丢下了创作,弄得债台高筑,最后还为她决斗而死。

其貌不扬的勒妮,在高档公寓里的住户看来,不过是一个丑陋无知的门房;长得漂亮的娜塔丽娅,在文豪普希金的眼里,应该是一个志趣高雅、颇具内涵的人。遗憾的是,他们都犯了以貌取人的错误。

美国心理学家爱德华·桑代克认为,一个人的某种品质或一个物品的某种特性,一旦给人留下美好的印象,这种印象会让人们对这个人的其他品质,或这个物品的其他特性也给予较好的评价,这种现象叫作"光环效应"。

光环效应的本质是以偏概全,即对某人或某物的认知和判断只从局部出发,然后扩散而得出整体印象。这种主观的心理臆测,只是抓住事物的个别特征,习惯以个别推及一般,就像是盲人摸象,容易把本没有内在联系的一些个性或外貌特征联系在一起,断言有这种特征必然会有另一种特征。

如何才能减少和克服光环效应的影响呢?

1. 不要以偏概全。

认识一个人时,不能只看长相和穿着,还应当多了解他的行为和品质,若总是由表及里来推断,往往会产生偏差,无法真正看清一个人。

2. 避免循环论证。

疑人偷斧的故事,想必你听过。当你对一个人产生了偏见时,你就会寻找各种理由来证实自己的这个偏见;你的异常举动被对方发现后,他自然也会对你产生不满情绪，要么疏远你，要么敌视你；对方的这种反应又会加深你的偏见。实际上这就陷入了一个恶性循环，让自己走进光环效应中迷而忘返。

说了这么多光环效应的弊端，那它有没有正向作用呢？

当然有！在人际交往中，把你最好的一面展示出来，亮出你的优势，别人往往会对你产生光环效应，继而给予你高度的评价。在求职应聘时，若能巧妙地运用这一点，定能得到招聘者的赏识，为自己赢得机会。

## 50 他怎么和我印象中不一样了?

> **☞ 连贯性偏差** | 人们常常主观地认为,一个人的观点和行为从过去到现在再到未来都不会发生变化。

"以前她很高傲,从来不主动跟人打招呼,怎么现在像变了一个人?"

"我记得这家伙特别古板,怎么现在脑子开窍了?"

"那时候她多么阳光啊!昨天看到她,简直不敢认了,好憔悴!"

当一个人的行为表现与过去不一样时,人们往往会感到奇怪和疑惑:这个人原来不是这样的呀!殊不知,万事万物都不是处在静止状态,人会随着时间的流逝、生活阅历的增加,变得与以往不同。如果主观地认为,一个人的想法和行为从始至终不会发生变化,这种想法在心理学上叫作"连贯性偏差"。

连贯性偏差不只针对他人,也会影响自己。有些时候,我们的观点已经发生了改变,可自己却没有觉察到,反而固执地认为"我的想法从来没有变过"。毕竟,人们普遍觉得观点和行为缺乏连贯性的人性格多变,不太容易相处。因此,想在社会生活中获得较好的评价,必须在一定程度上让自己的言行保持前后一致。

## 51 有些好感只是因为熟悉

**曝光效应** | 人们会单纯地因为自己熟悉某个事物而对其产生好感。

为什么看到熟人会让我们感到安心和自在？为什么刚开始听一首歌不太喜欢，听得多了却喜欢了呢？为什么我们对一个人、一件事物的态度会随着时间发生改变呢？

20世纪60年代，社会心理学家罗伯特·扎荣茨做了一个有趣的实验，帮人们解开了这些困惑。研究员让一群受试者观看某校的毕业纪念册，且确定受试者不认识毕业纪念册里的任何一个人。看完毕业纪念册之后，再让受试者看一些人的照片，这些照片有的在毕业纪念册中只出现了一两次，有的则出现了十几次、二十几次。之后，邀请受试者评价他们对照片的喜爱程度。

结果显示：在毕业纪念册里出现次数越高的人越受人喜欢，相比那些只看过一两次的新鲜照片，受试者明显更喜欢那些看过二十几次的熟悉照片。

只要一个事物不断在人们眼前出现，人们就有机会喜欢上这个事物，扎荣茨把这种现象称为"曝光效应"。曝光效应的产生不需要有意识的认知，个体对某一刺激的情感性反应要比认知性反应快得多。

# CHAPTER 4
## 为什么我们经常看走眼?

热衷于实验研究的扎荣茨,开展过一项逻辑上更加复杂的研究。

受试者随机从一个小房间到另一个小房间品尝各种饮料,在每一个小房间里,受试者与其他受试者相遇的次数是不一样的,他们在实验之前互不相识。在一起品尝饮料时,受试者之间会有短暂的面对面接触,但没有交流。品尝结束后,研究员让受试者进行相互评价。

结果显示:受试者对那些相遇次数较多的人评价更高,对那些相遇次数较少的人好评也比较少。这一结果与饮料的口味没有任何关系,仅仅是"相遇次数"这一因素所致。

为什么会产生曝光效应呢?是什么影响着人们的感知?

社会生物学家从进化的角度解析,认为人们有一种根深蒂固的倾向,即认为熟悉的东西是安全的,不熟悉的东西是危险的;接触熟悉和安全的刺激,避免未知和不可预测的刺激,可以提高生存和繁衍的概率。

## 52 我们都是鄙视链中的一员

> **内群体偏好**　人们通常认为自己所属的群体更优越,对外群体怀有蔑视、厌恶、回避或仇视的心理,对其成员怀有偏见和怀疑。

"这个人和我是同乡,就让他过来面试吧!"

"没想到咱们还是校友,真是太好了!"

"什么问题都往'外地人'身上推,你是本地人就高贵吗?"

当人们说起"同乡""校友""本地人"和"外地人"时,往往会表现出不同的态度:当对方和自己属于同一群体时,就会表现出更多的友好,给予对方更高的评价。这是一种什么心理?这样的判断又是否准确呢?

从社会学的角度来看,"内群体"和"外群体"是根据人们的心理归属对群体进行的一种划分方式,最早由美国社会学家威廉·格雷厄姆·萨姆纳在《民俗论》中提出,他试图用这两个概念描述个体的群体归属、群众意识,以及群体对个体的影响。

内群体,是指一个人所属的且对其有认同感和归属感的群体,也被称为"我们群体",成员之间有亲密感和认同感。

外群体，是指内群体以外的所有社会群体，是人们没有参与也没有归属感的群体，也称"他们群体"。

社会认同理论认为，当个体获得某一群体成员身份后，总会不自觉地把自己所属的内群体与外群体进行比较，并对自己所属的群体产生积极认同，倾向于给内群体成员更多的资源和正向的评价。

每个人都希望维持和提高自己的自尊，积极的群体地位通常会提高个体的自尊水平，强烈的群体认同让个体形成了"爱的偏见"，在不知不觉中贬低外群体，并对外群体产生偏见。反之，如果个体无法从自己所属的群体中获得自尊，甚至内群体可能会降低个体的自尊水平，个体对内群体的认同水平就会下降，并渴望脱离所属的群体。

## 53 O型血的人一定不拘小节？

> **刻板印象** | 人们常常认为某种事物应该具有其特定的属性，而忽视事物的个体差异。

"老年人太保守，年轻人太冲动！"

"南方人喜欢吃米，北方人喜欢吃面。"

"A型血的人一丝不苟，O型血的人不拘小节！"

在现实生活中，人们经常会犯一些以偏概全、人云亦云的错误，把人进行机械归类，把某个具体的人看成某一类人的典型代表，把对某类人的评价视为对某个人的评价，甚至根据一些不太靠谱的资料间接地对没有接触过的人进行评判。

人们在认知一个人时，往往会根据头脑中已经存在的与之相联系的某一类人的固定印象来对其进行判断。这种用印刻在自己头脑中的关于某一类人的固定印象，来判断和评价他人的心理现象，被称为"刻板印象"。

从某种程度上来说，刻板印象有一定的道理，因为居住在同一地区，从事同一种职业，从属于同一种族、同一年龄层的人，势必会有一些共性。但是，这毕竟是一种概括、抽象而笼统的看法，不能代替每一个活生生的个体。倘若以偏概全的话，可能会给人际交往造成阻碍。因为有些看法与事实并不相符。比如：北方人不一定都爱吃面，南方人也不一定都喜欢吃米；山东人不见得都爱吃大葱，山西人也有不爱吃醋的。

  世界上没有两片相同的树叶，也没有完全相同的两个人，每个人都是独一无二的，有着独特的人生经历，相异的个性特征，独立而奇妙的内心。所以，别用刻板的态度去看人，用心去体会每一个生命的独特。

## 54 开得真慢，肯定是女司机！

> **性别刻板印象**　人们对男性和女性在行为、人格特征等方面，存在固化的看法和期望、要求，误认为某种性别的人就应该是某种样子。

"你工作起来简直就像个男人。"

"一个大男人擦什么护手霜啊！"

"开得真慢，肯定是女司机！"

"他怎么天天带孩子？男人不该去上班吗？"

"女孩子学理科比较费劲。"

谁说努力工作是男人的专属品？谁又规定只有女性才能擦护手霜？上述这些简短的评判或质问，折射出来的不只是个人的价值观，还有性别刻板印象的问题。

性别刻板印象，来自对性别角色的社会共识，即社会文化期待的男性或女性的一般行为模式，让人们误认为某种性别就应该是某种样子。

性别刻板现象在生活的各个领域中都可以瞥见。比如：人们认为男性更擅长技术性工作、女性更擅长关系性工作；男性擅长理科，女性擅长文科。然而，大脑生物基础和认知结构的证据显示，男性与女性的数理能力是一样的。

　　心理学家曾经做过一个实验：受试者是一组有着相同数学背景的男女大学生，研究员邀请他们进行一个难度很高的数学测验。当研究员明确告诉受试者，这个测验不存在性别差异，不会对任何群体刻板印象作评价时，女生的成绩和男生是一样的；当研究员告诉受试者，这个测验存在性别差异时，女性受试者在遇到难度较大的题目时，明显感到焦虑不安，这一负面情绪和心理暗示影响了她们的能力发挥。

　　无论哪一方面的性别刻板印象，对于丰富多彩的人性来说都是束缚与压迫。性别刻板印象对女性的压迫，在职场上表现得也很明显。人们普遍认为，女性的领导力、决策力都不如男性。调查研究显示，相当大比例的中国女性自认为不适合做领导。同时，女性在职场上很容易遇到天花板，看起来明明有晋升的空间，却总是升不上去。

　　在事业成就方面，性别刻板印象对男性的压迫也是很明显的。人们总是强调，男人要敢于拼搏，要追求事业上的成功；要是回家做了全职爸爸，必会饱受周围人的冷眼和讥讽。如果一个男性天性不符合性别刻板印象，他将会承受巨大的舆论压力和内心折磨。

　　没有一种性别需要带着与生俱来的标签。女性可以是坚强的、顽皮的、爱冒险的，勇敢地追求事业；男性也可以表达软弱与恐惧，用哭泣抒发情绪。性别刻板印象提醒我们，不要对性别存在固有的、僵化的看法，每个人的人性都应当得到充分的尊重。

## 55 一个黑人之死引发的骚乱

> **种族偏见** 人们常常对其他族群存在刻板印象，认为某个族群的人比其他族群的人更低等，并对其产生各种敌对与仇恨。

2017年，加利福尼亚大学洛杉矶分校的法律系学生达因·苏，计划和朋友度过一个美好的假期。为此，她特意在"爱彼迎"网站上预订了一间小木屋。当日，她和朋友冒着暴风雪，驱车前往小木屋。然而，在快要到达之时，她却意外收到了木屋主人的短信，声称要拒绝她的预订。

苏非常生气，她把租赁协议截屏发给了房东。可是，房东执意拒租，并给出了决绝的回复："就算你是地球上最后一个人，我也不会租给你的，原因用一个词就可以解释——亚洲人！"

通过小木屋主人的拒租回复，我们感受到一股浓烈的种族偏见。

恩莫德·巴尔克说过："以少数几个不受欢迎的人为例来看待一个种族，这种以偏概全的做法是极其危险的。"翻看历史的长卷，许多国家在发展过程中都存在种族偏见，并由此引发各种各样的种族歧视、种族镇压，甚至种族屠杀等不公正的行为。

美国心理学家戈登·奥尔波特认为，偏见是人类大脑在进化过程中的副产品，它源于人类常见的一种思维谬误，即过度概括。

大脑看似聪明，但其本性是懒惰的，特别喜欢把相似的事物归为一类，以减轻工作负荷。但是，大脑在分类的过程中，往往会产生一些错误的泛化，即把不属于同类的事物分在一起，且在多数情况下它都特别顽固，拒绝改变。哪怕遇到的事实依据可以把预先的分类标准推翻，大脑也会把不符合的个例当成特例，依旧保持原来的分类。正是这种原本为了节省认知资源而产生的功能，把我们推入了偏见的旋涡。

人性中自然且正常的本能，致使我们容易做出非理性的分类。即使没有事实根据，我们也会根据传闻、情感投射和幻想形成偏见。戈登·奥尔波特在《偏见的本质》一书中，根据偏见的危害程度，大致将其分为五种：

（1）仇恨言论：公开发表自己的偏见。

（2）回避：对受偏见的群体中的成员做出回避的行为。

（3）歧视：积极地区别对待受偏见的对象，并对该群体造成伤害。

（4）身体攻击：在情绪激化的情况下，产生暴力行为或准暴力行为。

（5）种族清洗：暴力表达的终极程度，如种族灭绝计划。

2020年5月25日晚上，非洲裔美国男子乔治·弗洛伊德因涉嫌使用假钞购买香烟，遭到了一名白人警察的暴力执法。该警察当街跪压弗洛伊德的颈部，时间长达9分钟。

其间，弗洛伊德多次挣扎求饶，发出"我无法呼吸"的呼救，白人警察却并没有理会，依旧对他实施暴力，最终导致弗洛伊德窒息身亡。从警察接警至弗洛伊德死亡，整个过程不足半小时。英国《卫报》称，在"弗洛伊德之死"发生之前，类似这样的事件已经屡屡在美国少数族裔身上发生。

2020年6月9日，美国得克萨斯州休斯敦市，人们在教堂前排队等待告别弗洛伊德的遗体。人们纪念他，是因为他和每一位公民一样，不该随随便便地死于非命。他所遭受的警察暴力执法的背后，深埋着长期以来的种族歧视与不平等，而这种歧视与不平等，有可能会伤害美国社会的每一个人。

不管走到世界的哪一个角落都无法避开种族偏见的身影，它几乎存在于所有的文化之中。事实上，每个人在现实中都曾或多或少地将偏见施加于某个族群。

社会学家德瓦·佩吉尔派遣了一些训练有素、说话得体的大学毕业生，让他们带着相同的简历，访问密尔沃基市350多个招聘初级职位的雇主。这些申请者中，有一半是白人，一半是黑人，研究员要求他们对雇主表现得彬彬有礼。每一组申请者中，有一半的人在申请表上告知，他们因持有可卡因而在监狱服刑过18个月。结果显示：对于那些声称有犯罪记录的人，雇主联系白人申请者的比例是黑人申请者的2倍！

无论是"弗洛伊德之死"那样的悲剧，还是"种族身份对雇佣的影响"，都说明了一个问题：对于美国少数族裔来说，种族偏见从1619年第一批黑人被运到北美大陆开始，至今仍然存在。只不过，美国的白人倾向于用现在的情形和充满压迫的过去相比较，感觉这个问题得到了根本性的转变；而黑人则倾向于用当下的处境与他们心目中的理想状态相比较，因为那样的状态尚未实现，所以他们感觉到的改变就比较少。

CHAPTER 4
为什么我们经常看走眼？

## 56 人会被爱蒙蔽双眼和理智

> ☞ **爱的偏见** │ 人们出于喜爱，会对某人或某种事物作出超过其应得的评价。

19世纪时，不少拥有良好教养的欧洲人对美国心存偏见。1854年，一位欧洲人以轻蔑的口吻说道："美国是一个巨大的疯人院，里面满是欧洲的流浪汉和社会渣滓。"

这种夹杂着愤怒与敌意的批判，到底从何而来呢？

敌意往往来自偏爱，即对自身价值系统的维护。

为了捍卫和维护个人的价值体系，人们往往会作出毫无依据的预判，对可能威胁到自身价值体系的人和事物进行贬低，以抬高自身的价值取向。

费斯汀格的认知协调理论指出，个体内部有一种渴望协调、稳定和统一的内驱力，对于不相协调的价值观和信仰会感到不适甚至是厌恶。从本质上来说，不同的信仰具有不同的价值体系，而人们对自我价值观的肯定与捍卫，是导致偏见的一个重要原因。

斯宾诺莎将"出于爱的偏见"称为"被爱蒙蔽了双眼"，强调人们出于喜爱往往会对某人作出过高的评价，就像坠入爱河中的恋人认为对方的一切都是完美的。同样地,人们对于自身信仰、组织或国家的爱,也会让他们对其作出过高的评价。

欧洲的评论家们对自己的国家、祖先和文化充满了爱,并为之感到骄傲。当他们来到美国之后,隐隐地感受到了某种威胁,便以贬低美国的方式来获取安全感。其实,他们并不是一开始就厌恶美国,而是由于爱的偏见才引来了仇恨的偏见。究其根源,还是他们太珍爱自己原来的存在模式和价值体系了。

由偏爱引发的偏见,恰如弗洛伊德所说:"在对自己不得不与之接触的陌生人不加掩饰的厌恶与反感之中,我们意识到,这其实是对自己的爱的表达,是一种自恋。"

# CHAPTER 5

# 为什么有些人你劝不动?

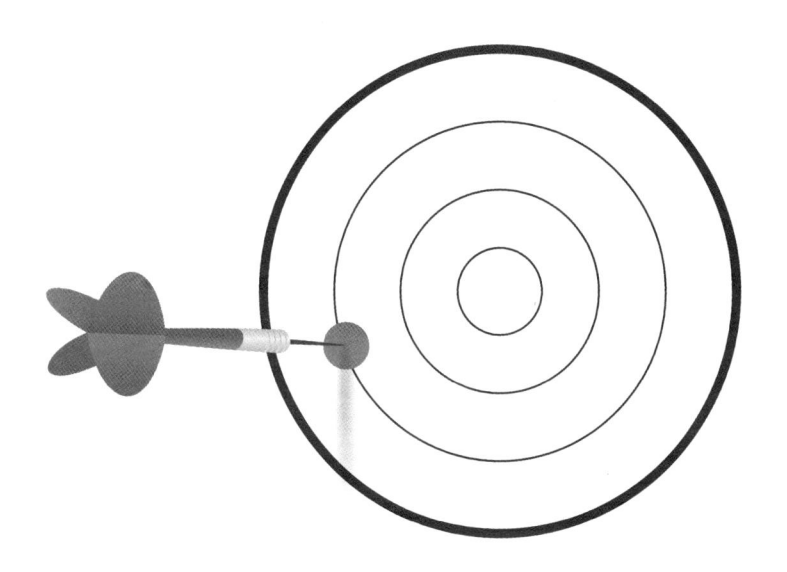

人只相信自己愿意相信的

认知偏差
提高自我洞察力的 86 个心理学知识

## 57 在相信错误的路上越走越远

> **确认偏差**
> 人一旦认定了某个观点，就会不断地、有选择地寻找证据来证明自己的观点是正确的，同时有选择地忽略和无视那些反面的证据。

电影《年会不能停》里有一个搞笑又讽刺的情节：

高级钳工胡建林阴差阳错地被调到了公司总部，周围人都看出来，他既不懂英语，也不懂管理，可是人人又都捧着他。原因就是，从他进入公司那天开始，大家就相信了一个"事实"：胡建林是通过关系进来的。之后，这个"事实"又被添油加醋，变成了"胡建林是老板的私生子"。

其中最搞笑的一幕是胡建林与老板的一次互动。胡建林在老板面前述说多年前工厂面临危机，老板坚持举办年会给员工打气的事，老板深有感触，拍了拍胡建林的肩膀，胡建林对老板鞠躬表达敬意。公司总部的那些中层管理者隔着一层幕布"看到了"这一场景，但他们不清楚真实的情况，以为自己看到的是"一位父亲在教导儿子，儿子趴在父亲怀里"的温馨画面。

因为人们相信了胡建林是老板的私生子，所以胡建林和老板的这场互动，也就变成了证明传言的依据。实际上呢？一切都是假的，只是他们内心相信了那个错误的传言。

这一情节让人不禁想起电影《富贵逼人来》。主人公畅斯本是一个心性单纯、不谙世事的老园丁，人们却因为他的绅士装扮、颇具教养的谈吐，认为他是上流社会的精英人士。因为事先有了这样的预判，所以不管畅斯说什么，他们都会将其和"睿智"联系起来，以此来确认自己的观点。他们完全没有察觉到，畅斯其实是一个什么都不懂、只会照顾花草的老园丁。

人们一旦认定了某个观点，就会持续地、有选择地寻找证据来证明自己的观点是对的，并有选择地忽略和无视那些反面的证据，这是一种确认偏差。

明尼苏达大学的研究员开展过一项与确认偏差有关的实验：

他们邀请两组受试者阅读同一本书，内容是一个名叫简的女人在一周内的生活。其实，简是研究员虚构出来的一个人物，她的性格时而外向，时而内向。几天以后，受试者读完了关于简的书，研究员开始向两组受试者提问。

A组受试者要回答的问题：简是否适合做一名图书管理员？

B组受试者要回答的问题：简是否适合做一名房产经纪人？

A组受试者回忆，简是一个性格安静的女孩，很适合图书管理员的工作；B组受试者回忆，简性格外向，很适合做房产经纪人的工作。随后，研究员问两组受试者：简是否还适合其他工作？两组受试者都给出了否定的答案。

上述的实验研究表明，即使是记忆，也会被大脑的确认偏差所影响。大脑会选择性地留下那些符合我们预判的记忆，而忘掉那些违背我们自有观点的信息。

人们总是看见自己想看见的，相信自己愿意相信的，这种确认偏差是心理保护机制的副产品，是人们为了维护自我信念而创造出来的。它是一种思维陷阱，会让人失去客观和理智而不自知，反而觉得自己的观点是最客观的。

## 58　你说的都对，可你说服不了我

> **信念固着** | 一旦人们为错误的信息建立了理论基础，就很难再否定这条错误信息。

人在认识和理解世界时，并不是如实地对现实作出反应，而是根据自己对现实的建构来作出反应。通俗地说，每个人都是戴着"有色眼镜"去看这个世界的，这副"有色眼镜"就是我们的信念、态度和价值观，它影响着我们对人、事、物的知觉。

坚守正确的信念固然有益，可以支撑一个人追寻长远的目标。可问题是，信念不一定都是对的。如果信念是错的，会发生什么呢？

心理学家李·罗斯与克雷格·安德森开展过一项实验：

研究员先给受试者传递一条错误的信息，即直接告诉他们某个结论是正确的，或向他们出示轶事式的证据。然后，请受试者解释：为什么这个结论是正确的？

随后，研究员又告诉受试者，之前向他们传递的那条信息是错的，并提供了有力的反面证据，以此来否定先前的结论。你认为，受试者会改变他们的看法吗？

实验结果显示，只有 25% 的人接受了新结论，大部分的人仍然坚持他们之前接受的那个错误的结论。

当人们对某些错误的信息作出解释，并建立了某种信念后，就很难再改变了。哪怕支持这一信息的证据受到否定，错误的信念仍然会保留下来，这种现象叫作"信念固着"。

人对事物的认知通常是先入为主的，一旦形成了某种认知，再想改变这种固有认知就很难了。一个人越想极力地证明自己的理论和解释是正确的，就越会忽略和屏蔽那些挑战自己信念的信息。如果有人试图纠正他，他会本能地启动心理防御机制去抵制它。

了解到信念固着的存在，我们就不难理解为什么生活中会有那么多不听劝的人了。明明你说的是对的，可你就是说服不了他，因为他已经为错误的信息建立了一套解释方法，落入了先入为主的思维陷阱，无论你怎么摆事实、讲道理，都难以改变他固有的认知。

照此说来，就没有办法能够纠正信念固着了？

那倒也不是。比较可行的办法是，让当事人转换立场，解释相反的观点——"假设我是一个持相反观点的人，我要如何证明自己的观点？"经过多次的刻意练习，信念固着就可以被降低或消除。除了对相反观点进行解释，对各种可能结果的解释都会促使当事人认真思考各种不同的可能性，让思维变得开阔。

CHAPTER 5
为什么有些人你劝不动？

# 59 越不许做什么，就偏要做什么

> **禁果效应** | 越是被禁止的东西，人们越感到好奇，越想探索和拥有。

莎士比亚的名剧《罗密欧与朱丽叶》描写了一段凄美的爱情故事：罗密欧与朱丽叶彼此相爱，可因为两家是世仇，他们的感情遭到了阻挠和禁止，可两人并没有动摇，反而爱得更深，最终双双殉情。

现实中经常会出现类似的剧目：遭到父母反对的情侣，非但没有放弃彼此，反而像罗密欧与朱丽叶一样，更加齐心地排除万难与对方相守；青春期的孩子对性和爱情充满了好奇，虽然家长和老师极力反对，可效果并不理想，甚至越来越糟……为什么越被禁止的事情，人们越是不听劝，非要去尝试呢？

这是人们的好奇心理在作怪，这种现象被称为"禁果效应"：越是被禁止的东西或事情，人们越会对它产生好奇和关注，内心充满了窥探的欲望和尝试的冲动。

土豆刚从美洲引入法国时，很长时间都无人问津。迷信者把它称为"鬼苹果"，医生认为它对身体有害，农学家说土豆会让土地变得贫瘠。这些论断让人们对土豆形成了一种抗拒心理。

法国的知名农学家安瑞·帕尔曼切在德国当俘虏时吃过土豆,也知道它的美味。他想回到法国种植土豆,可是没有人支持他。后来,他想到了一个办法。

1787年,他在国王的允许下,在一块有名的低产田里栽培土豆。按照他的要求,这块土地由专门的皇家护卫队看守,但只是白天看守,晚上撤回。

这让人们产生了强烈的好奇心:到底是什么东西,居然要皇家护卫队来看守?嗯,一定是好东西,才担心被人偷!人们这么一想,就猜测土豆肯定是非常好吃的东西,于是禁不住诱惑,晚上偷偷地去挖土豆种到自己的菜园里。

结果不言而喻,土豆得到了众人的认可和喜爱,帕尔曼切也顺利实现了自己的目的。为什么明着推广的时候没人要,被禁止后反倒让人念念不忘呢?

原本一个很平常的事物,遮掩起来就会吊人胃口,促使人们很想得到,非要弄个明白。不然的话,人们的内心会一直被好奇折磨着,总觉得被禁止的东西一定是好的,所以才不能轻易让人得到。况且,费尽心思和力气得到的东西,总会给人一种成就感,使人更加珍惜。心理学家还发现,越是难得到的东西,在人心目中的地位越高,价值越大,越有吸引力。

## 60 多年的朋友怎么可能骗我?

> **一厢情愿** 人们经常以自己的好恶和意愿来判断事情的变化,选择相信自己愿意相信的事情,选择相信让自己心理舒适的事情,而不愿意理性思考,追究和探讨事物发展的真相。

"我们是多年的朋友,他怎么可能骗我?"

"我觉得这事情没问题,怎么还没促成呢?"

"约好了明天去徒步,明天肯定是个幸运日。"

"马上要过节了,商场里的促销折扣应该很大。"

人们经常会以个人的好恶和个人意愿作出判断,总是有选择地相信——相信自己愿意相信的事,相信让自己感到快乐舒心的事,这其实是一种认知偏差,叫作"一厢情愿"。

人们之所以这样想,最根本的原因就是逃避现实、回避真相。

女孩 H 过度自恋,总渴望男朋友像对待公主一样对待她,什么事都要以她的想法为中心,处处迁就她。有一次,男友的母亲腿受伤要去医院,可 H 却要求男友先送她到车站。在她的认知中,男友就得围着自己转,对自己言听计从。最终,男友不堪忍受,与 H 分手。

我们内心所希望的，只是一种愿景和期盼，与事实没有什么关系。世界不会因为你想要成为"公主"，就让身边所有的人都围着你转。偶尔的、无伤大雅的一厢情愿，不过是为了掩盖对失望的担忧，可这种荒谬至极的一厢情愿，不仅自欺欺人，还会惹人讨厌。

CHAPTER 5
为什么有些人你劝不动？

# 61 一切都好好的，哪有危险？

> **☞ 正常化偏误** ｜ 人们不相信或不担心、忽视其他人提出或观察到的可能的威胁和警告，低估灾难发生的可能性、灾难的蔓延速度以及灾难带来的潜在负面影响。

始建于公元前 6 世纪的庞贝古城，位于意大利南部那不勒斯附近。这座在历史上热闹繁荣的古城，曾是仅次于意大利罗马古城的第二大城。然而，在公元 79 年，它却因维苏威火山大爆发而毁于一旦。

庞贝古城在维苏威火山东南脚下 10 千米处。维苏威火山是一座活火山，可是在公元初，著名地理学家斯特拉波根据维苏威火山的地形地貌特征断定这是一座死火山，人们也相信了他的论证，完全没把火山当一回事。

公元 62 年，庞贝发生了一场强烈的地震，许多建筑物被损毁。不过，庞贝人并不担心，依旧载歌载舞，相信这次灾难过后一切都会回归正常。

17 年后，也就是公元 79 年，庞贝地区再次地震。这是火山喷发的前兆，绝大多数的庞贝人依旧不在意，只有极少数人选择了撤离。4 天之后，也就是 8 月 24 日，维苏威火山爆发了，厚约 5.6 米的火山灰毫不留情地淹没了庞贝城。

直到1748年，考古人员挖掘出了被火山灰包裹着的人体遗骸，这才意识到，公元79年维苏威火山的爆发掩埋了一座城市。考察庞贝遗址不难发现，人们死前大都做着日常的事情，看起来像是突然遭遇灾难，没有时间逃离。事实上，庞贝城距离火山10千米，从火山喷发到火山灰抵达，中间是有时间疏散撤离的，可是庞贝城的人竟然都待在室内，并未逃离。

社会学家黛安·沃恩认为，当事情出现偏差时，人们对问题的容忍度越来越高，甚至认为那是正常现象。当一个灾难已经发生的时候，人们往往意识不到灾难的发生，还以为一切都正常，这就耽误了挽回的最佳时机，导致了更加巨大的危险。

为什么会出现正常化偏误呢？

1. 过度乐观。

人们习惯性地对未来的事件抱有过度乐观的态度，认为自己比身边的人幸运，坏事不会降临到自己头上。

2. 否认逃避。

在面对真实的危机时，人们习惯给自己一个正常化的解释，即使它听起来无比荒谬和愚蠢——"我身体这么好，怎么会得重疾呢？"这种"正常化"是一种原始的自我保护机制，让人在面临危机时不至于瞬间崩溃，为接受现实争取缓冲时间。

古语有云："不困在豫慎，见祸在未形。"很多问题在发生之前，其实已经出现了预兆，只是人们受正常化偏误的影响并未给予足够的重视，直到悲剧发生后才追悔莫及。

想要避免正常化偏误，这里有几点建议可供参考：

（1）提高自身的风险意识和防范能力，调整对灾难性或危险性情况的态度。

（2）正视和接受可能发生的事实，避免过度否认或逃避。

（3）制订并执行针对灾难和危急情况的预案，提前做好必要的资源准备。

（4）保持独立思考与判断，不盲从他人的言行，根据自身情况作出合理决策。

## 62 为什么赌徒总是输光才走?

> **偶然性谬误** | 错误地认为随机序列中一个事件发生的概率会随着之前没有发生该事件的次数而增加。

在一项精心设计的实验中,40位博士受邀参与一个简单的挑战:玩100局电脑游戏,该游戏的赢率为60%。研究员给所有受试者每人1万元作为初始资金,并告知每一局游戏可以自由决定投注金额。这些聪明的博士们,最后有几个人赚到钱了呢?

结果出人意料,参加实验的40位博士中,只有2个人(占总人数的5%)在游戏结束时,拥有的资金多于1万元。其实,如果采取保守而稳定的策略,每局以固定的100元下注,从理论上来讲,他们都可以在结束时拥有1.2万元。现实却与之大相径庭,为什么会这样呢?

研究员总结发现:在遭遇连续失败时,受试者们倾向于增加赌注以弥补损失,而在赢得少量收益后,却会减少投注,充分表现出了"输红眼"与"小富即安"的心态。

举个例子:某博士前三轮每次下注1000元,但这三局都输了,他手里的钱只剩下7000元。此时,他会认为:"既然已经连续输了三局,且有60%的概率可以赢,那下一次肯定会赢。"于是,在第四局的时候,他就下了 4000 元的赌注，结果又输了。此时，他手里的钱就只剩下 3000 元了，再想把钱赚回来，几乎是不可能了。

这些参与实验的博士个个都是聪明人，可是绝大部分却作出了愚蠢的判断。他们误认为，随机序列中一个事件发生的概率与之前发生的事件有关，认为其发生概率会随着之前没有发生该事件的次数的增加而增加，这种认知偏差叫作"偶然性谬误"，也称"赌徒谬误"。

为什么现实中的赌徒不能及时收手，总是输得精光才离开？原因就是：他们掉进了思维的陷阱。我们不妨用抛硬币的方式，对赌徒谬误进行具体的分析。

事实与真相：重复地抛一枚硬币，正面朝上的概率是 50%，即 1/2。

赌徒的想法：连续 2 次抛出正面的概率是 50%×50% = 25%，即 1/4；连续 3 次抛出正面的概率是 50%×50%×50% = 12.5%，即 1/8……以此类推，越往后越难出现连续都是正面的情况，因为连续的次数越多，概率越小。

看起来似乎"很有道理"，但是这里有一个问题：抛硬币抛出正面的概率，永远都是 50%。抛出正面的概率，不会因为抛硬币次数的增加而发生任何改变！就算连续抛出了 10 次正面，也不过是巧合，在第 11 次抛硬币时，抛出正面的概率依然是 50%。

赌徒们总以为，连续输了多次之后，赢的概率会变大，于是就加倍下注。殊不知，输赢的概率是不变的，赌场的游戏机没有记忆，更没有怜悯之心，不会因为你输的次数多了就给你更多胜出的机会。

## 63 你说的情况，只是一个例外

> **二次防御**：在面对互为矛盾的事实与分类时，人们仍然倾向于维持自己预先的判断，并将不符合的个例当成特例剔除。

每个人都会对某些人或事产生误解，可当有全新的事实证据出现时，往往能够及时修正自己之前的观点。可如果对某些人或事存在偏见，那么即使有事实证明预先的判断是错的，人们也很难改变原来的观念，并且会出现"二次防御"。

面对与观念相悖的事实证据，持有偏见者仍然坚持之前的观念，并将不符合的个例当成特例剔除，从而保留对此类别之下的其他事例的负面态度。戈登·奥尔波特把这种"允许特例出现"的心理机制称为"二次防御"。

奥尔波特指出，在许多有关黑人的讨论中，都存在"二次防御"的现象。

一位对黑人持有严重偏见的人，在面对有利于黑人的事实证据时，通常会引用一个"老掉牙"的问题："你愿意你的姐妹与黑人结婚吗？"如果对方说"不"，或是显得稍有迟疑，偏见的持有者就会说："你看，我说得没错吧？黑人和我们就是不一样。""黑人的本性中就是有一些令人厌恶的东西。"

奥尔波特强调，只有在两种情况下，人们才不会启动"二次防御"来维持原有的过度泛化：

1. 习惯性的开放态度。

有些人在生活中很少用固定的类别框架评判他人，对所有的标签、分类和笼统的说法都表示怀疑，但这种情况比较少见。

2. 出于自身利益对观念进行修正。

一个人经历了惨痛的教训，意识到自己的预先判断是错误的，必须修正。

在大多数情况下，人们还是倾向于维持自己的预判，因为这样做更轻松。只要自己和周围人对此都没有异议，很少有人会重新思考那些构成自己生活根基的信念。

## 64 辟谣总是让人更坚信谣言

> **逆火效应**：当一个错误的信息被更正时,如果更正的信息与人们原来的看法相悖,反而会加深人们对错误信息的信任。

你劝朋友远离渣男,她却觉得你是见不得她好,故意破坏她的姻缘。

你劝同事努力工作,他却觉得职场上人情世故最重要,努力干活的都是傻子。

你劝长辈别听信流言,他却更坚信那流言是真的,还说你缺少社会阅历。

你有没有遇到过这样的状况:真心实意地向某人提出一些劝解,无奈对方根本听不进去,还摆出一堆"歪理"来证明自己是对的?

在此之前,你可能认为改变他人错误观点的最好方式就是用事实说话,可在碰到上面的这些情形后,你应该意识到:人有时候是很固执的,你越是摆事实讲道理,他越坚信自己是对的。最简单的例子莫过于,警察和银行再三提醒不要给陌生人转账,可是那些受骗者就是要打钱给骗子,听不进任何解释,拦都拦不住。

这种现象在心理学上叫作"逆火效应",即当人们遇上与自身信念

# CHAPTER 5
## 为什么有些人你劝不动？

相矛盾的观点或证据时，除非它们足以完全摧毁原来的信念，否则人们会忽略或反驳它们，更加坚信原来的信念。

2006年，密歇根大学的布伦丹·奈恩与佐治亚大学的杰森·雷夫勒开展了一项实验：他们邀请了一些受试者，让其先阅读几则伪造的政治新闻（如"美军在伊拉克发现大规模杀伤性武器"），之后再让他们阅读真实的信息（"美军在伊拉克什么也没发现"）。

在受试者中，反对战争的人不认同第一则消息，他们更相信第二则消息；支持战争的人更相信第一则消息，认为第二则消息是假的。这个结果并不意外，但值得关注的是，支持战争的受试者在读到"美军在伊拉克什么也没发现"的消息时，反而更相信第一则假新闻了。

随后，研究员又针对其他话题展开类似的实验，结果再次证实：如果更正的信息与受试者原本的信念相悖，反而会加深受试者对错误信息的信任。

为什么会出现逆火效应呢？心理学家指出，其可能性成因有以下几种：

1. 心理抗拒。

当某种限制让人们感觉自主权或自尊受到威胁时，就会引发逆反或抗拒心理，产生想要夺回自由的想法或行为——强化被限制的想法，或采取被限制的行为。

当你劝长辈不要听信谣言时，她会认为辟谣和你的劝解是在训斥她"没有主见"或"愚昧无知"。对此，她会摆出更加相信谣言为真的姿态，或训斥你社会阅历尚浅，以此昭示自己是"自主的"或"明智的"。

2. 动机性推理。

当人们遇到挑战自己信念或偏好的信息时，会因冲突或认知失调产生紧张的情绪，为了缓解心理不适感，他们倾向于防御性地处理和回应信息，即忽视、质疑或反驳挑战性信息。

3. 事实幻觉。

人的记忆并不是完全可靠的，有时会错把谣言记为"事实"。

4. 动机误解。

当人们接触到一个没有介绍谣言的辟谣信息时，会误认为辟谣者是在掩饰谣言中某些不可告人的"事实"，或是因为害怕遭到报复才出来辟谣，从而更加相信谣言是真的。

看到这里，你应该会更清楚：和伪科学的拥趸者讲科学，不过是在浪费口舌；和网上的杠精摆道理讲事实，只会招来更多荒谬的反击。与此同时，你也会对对方的数据和论证作出类似反应，结果就是彼此僵持，谁都说服不了谁。

# CHAPTER 6
# 是什么在悄悄掏空你的钱包?

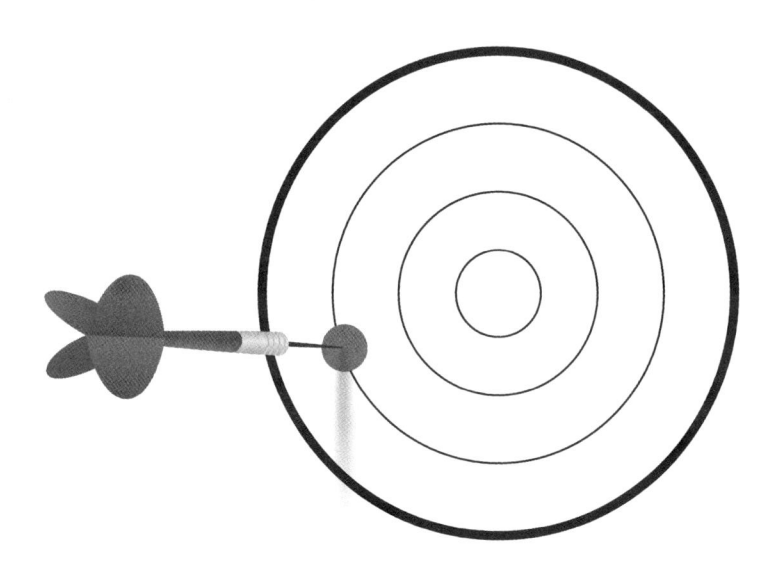

被认知偏差偷走的消费理智

# 65 穿这套衣服，搭配什么鞋呢？

> **配套效应** 人们在拥有了一件新的物品后，会不断配置与其相适应的物品，以达到心理上的平衡。

商朝时，纣王继位后不久，叔父箕子看到纣王请工匠用象牙制作筷子（现在是禁止的），内心充满了担忧。箕子心想：大王用稀有昂贵的象牙作筷子，恐怕杯盘碗盏也得换成精美的器皿；用上了象牙筷子和玉石盘碗，再食用粗茶谷物就显得不适宜，肯定要享用珍馐美味了；在尽情享受美味佳肴之时，想必还得穿绫罗绸缎，住奢华宫殿。

果然，一切正如箕子所料。只过了五年光景，纣王的生活就演变到了穷奢极欲、荒淫无度的地步。纣王的奢靡行径，不仅害得百姓苦不堪言，也把国家搞得乌七八糟，最后被周武王剿灭。

古今中外，无论是帝王将相，还是寻常百姓，类似的事情从未间断过。

18世纪，法国哲学家丹尼斯·狄德罗收到朋友送的一件质地精良、做工考究的睡袍，他穿着新睡袍在书房里走来走去，总觉得身边的装设是那么不协调：家具或是太破，或是风格不符，地毯的针脚也粗得吓人。为了和睡袍相配，他把旧的东西陆续更新，书房终于跟上了睡袍的档次。

可这时候，他心里却不舒服了，因为他发现自己居然"被一件睡袍胁迫了"。于是，他写了一篇文章——《与旧睡袍别离之后的烦恼》。

200 年后，美国哈佛大学经济学家朱丽叶·斯格尔在《过度消费的美国人》一书中，提出了一个新概念——"狄德罗效应"，是指人们在拥有了一件新物品后，总倾向于不断配置与其相适应的物品，以达到心理上的平衡。这种现象后被称为"配套效应"。

配套效应反映了人们对和谐的一种追求，比如：穿衣搭配时，力求帽子、围巾、衣装、鞋子之间在色彩和风格上相统一；在装修家居时，注重家具、灯具、地板、电器等风格的协调。追求和谐之美本身没有错，怕的是不假思索地跳进配套效应的陷阱。

很多商家都会利用配套效应来推销商品，告诉你那件羊绒大衣与你的气质多么相配，那双昂贵的鞋子多么能彰显你的身份……总之，它们都是你不得不拥有的"狄德罗商品"。一旦你买下了那件品质超好的羊绒大衣，就会考虑是不是再把那双鞋也买了。毕竟，那样会显得更加"体面"。当你落入了这个怪圈之后，接下来可能还会想到搭配什么首饰、做个什么发型……外界的和心理的压力会使你不断地买下更多非必需的东西。

欲望无穷无尽，钱包容量有限，如何才能摆脱配套效应的摆布呢？

谨记添置物品的第一要务——选择必需品，非必需的东西尽量不买。新鲜有趣的物品总是层出不穷的，身处在万花筒一样的世界，我们时刻都要面对诱惑。在这样的环境中，我们要识别什么是欲望，什么是自己真正需要的。很多时候，我们对物品的追逐并不是源于需要，而是因为被欲望牵制，或是随波逐流，抑或是出于虚荣，才陷入了对物质的迷恋。

每天晚上躺在床上时，不妨回想一下：支撑自己这一天生活的物品到底有哪些？我们真正需要的东西有没有想象中那么多？这样的反思往往会让我们惊讶，就如同苏格拉底到闹市逛了一圈后，最后感叹：这个世界上，原来有那么多我并不需要的东西！

## 66 有选择是好的，选择太多就不好了

> **选择悖论** ｜ 选项太多会妨碍人们作出选择，同时降低选择后的满意度。

人在什么时候最幸福？西方工业社会有一个笃信不疑的信条：人们的选择越多，自由就越大；自由越大，人们就越幸福。现如今，身处物质丰盈的时代，走进商超或专卖店，无论是食物、生活用品还是家用电器，品类和款式简直难以数清，选择的空间非常大。可是，我们有没有感觉更幸福呢？

说起来有点自相矛盾，过多选择带给人们的不是自由和畅快，而是无所适从。你可能也不止一次听到过身边人感慨："小时候物资匮乏，逢年过节才能吃上一点儿好东西，可那时候是真满足。现在看着琳琅满目的东西，却不知道买什么，好像什么都不想吃，也不好吃了。"

美国心理学家巴里·施瓦茨认为，个人主义的现代文化存在"过度的自由"，会导致人们生活满意度下降，临床抑郁症的情况增多。有选择是好的，但选择过多会让人耗费更多的时间和精力，也更难作出决策。

研究显示，从 30 种果酱或巧克力中作出选择的人，比从 6 种中作出选择的人满意度要低；自主选择下学期学习课程的人，比遵循课程安排

的人更容易受到游戏和杂志的诱惑,减少对重要考试的准备;在一系列饮料中进行选择的人,更少购买口味寻常却健康的饮料。

选择过多,不仅会导致信息超载,还会增加更多后悔的机会。

如果让员工免费去夏威夷或巴黎旅行,他们会很高兴;如果让他们自己二选一,他们就没有那么高兴了。选择夏威夷的人,会后悔自己无法参观那些精美绝伦的博物馆;选择巴黎的人,会后悔没有机会享受阳光和海水的滋润。

很多人觉得,作出决断之后还可以反悔是有好处的,就连哈佛大学心理学教授丹尼尔·吉尔伯特也曾这样认为。后来,他做了一系列的实验,发现人们在不能撤销决定时通常会更快乐,这彻底颠覆了他原来的看法。

人们在能够撤销决定时,往往会思考决定的利弊;在不能撤销决定时,会把注意力投注在决策的积极方面,忽视不利的方面。丹尼尔·吉尔伯特在知晓这一结果后,就向自己的女友求婚了,对方也欣然同意。他说:"事实证明,我作的决定是正确的,当她成为我的妻子之后,我比从前更爱她了。"

美国心理学家黑兹尔·罗斯·马库斯与著名期刊《人格与社会心理学杂志》主编北山忍在研究"东方集体主义与西方个人主义"的相关课题时,发现了一个有趣的"待客现象":

美国主人会给客人提供各种选择,白酒、红酒、啤酒、软饮料、咖啡、果汁、茶等,任由客人自己选择;日本主人却认为,要在适当的场合准备适当的东西,不要让客人承担琐碎的决策负担。

如果你是主人,你更倾向于哪一种待客之道呢?在不了解选择悖论时,或许你会觉得多提供一些选择,会显得更热情好客。可是,当你知道选择过多可能会给客人平添困惑和精力耗损时，你可能会更倾向于日本主人的"待客之道"——为客人提供较小的选择范围，更容易带来满足感。

## 67 你觉得便宜，不一定是真便宜

> **锚定效应** ｜ 人们在对某一事件作定量估测时，最初接触到的信息或数字会像"锚"一样制约估测值。

商店老板每天早晨开门时，都会看到门前睡着一个脏兮兮的乞丐。这乞丐简直是老板的眼中钉，既挡着商店的大门，周身还散发着臭气。所以，老板每天开店的第一件事，就是拿水、扫帚、鸡毛掸子把乞丐赶走。直到有一天，老板打开门时，没看到乞丐的身影。又过了几天，乞丐还是没回来。商店老板觉得好奇，就去翻看监控。

看完监控之后，老板潸然泪下。你知道为什么吗？

商店老板发现，乞丐每天晚上睡在自家商店门口，会赶走许多不怀好意的人。难闻的气味并不是乞丐散发出来的，而是路人在卷帘门上撒尿导致的，每次乞丐都会赶他们走开。在乞丐失踪的前一天晚上，商店遭遇了小偷，乞丐和小偷打起来，在搏斗中被刀刺中了。

为什么商店老板最初会把乞丐视为眼中钉呢？就是因为商店老板事前得知乞丐每晚睡在商店门口，这一信息在无意识的状态下影响了他的判断和决定。

卡尼曼和特沃斯基指出，人们在进行判断和决策时，往往会被第一次获取的信息左右，这些初始信息或数据会为随后的思考与判断设置某种框架，这种现象叫作"锚定效应"。

1974年，心理学家丹尼尔·卡尼曼与行为学家阿莫斯·特沃斯基设计了一项实验，要求受试者对非洲国家在联合国所占席位的百分比进行估计，即非洲国家在联合国会员国中所占的比例是高于65%还是低于65%。具体而言，你认为所占比例是多少？实验结果显示，受试者回答的数值的平均值是45%；如果将题干中的65%改为10%，平均值则变成了25%。

对联合国会员国不太熟悉的人，往往靠推测来回答这个问题。当他们没有其他有利于作出判断的信息时，最初获得的信息就会发挥像"锚"一样的作用，限制其随后的推测范围。在这一实验中，受试者们把65%和10%当成了"锚"，因而得出的答案也与之相近。

锚定效应是一种认知偏差，我们在消费时也常常会落入这一陷阱。

你看上了一件羊毛外套，无论质地还是款式都很符合你的需求，只不过吊牌上的建议零售价是2000元，你觉得有点贵。正在犹豫之际，店员告诉你现在有促销活动，全场衣服享受8折优惠，且单笔满1000元还能减500元……整体算下来，这件衣服的实际零售价格是1100元，比原价便宜了900元！

暂且不论这样的折扣是否合理，可在这些数据信息中，吊牌价2000元就是一个"锚"，你花1100元买下这件衣服，会觉得"省"了不少钱。可是，如果最初的吊牌价是1180元，再让你以1100元的价格购买，你就觉得"贵"了。

锚定的本质是比较，在作判断和决策时，我们通常需要找一个参照物，有时可能是自己找的，有时可能是别人给的。无论是哪一种，都要警惕参照物的合理性和来源的可信性，以免掉进锚定效应的陷阱。

## 68 7天免费试用，用完之后呢？

> **现状偏差** ｜ 人们倾向于维持现有的状况，且倾向于将任何改变都视为一种损失。

某平台正在热播一部电视剧，你特别想看，刚好平台推出了活动——"7天免费试用"或者"首月6元，过后每月15元"。你会不会心动？毕竟有了会员，就可以解锁片源，还能跳过广告，拥有高清的分辨率，就算之后不续费，也是划算的吧？一拨又一拨自诩聪明、节俭、会过日子的网友们，得意地开启了"花小钱"享受会员体验的旅程。

商家推出这样的活动，是不是在给网友们提供福利呢？要是网友们趁着免费体验的7天或是首月低价的优惠，看完了想看的节目之后，不再续费了怎么办？莫非商家只想赚这点小钱，试图薄利多销？别多想了，这是商家让用户掏腰包的秘诀之一——现状偏差。

1984年，肯尼斯基做了一个实验：他先给受试者随机发放了杯子或糖果，过了一会儿，他告诉受试者，可以将手中的东西换成另一种自己更喜欢的。这些物品是随机发放的，没有替换成本。然而，90%的受试者却都选择不换。

其实，东西是随机发放的，拿到杯子或糖果的人不一定喜欢这个东西，可是当有机会重新选择时，多数受试者却不愿意换，这只能说明，大家不愿意改变现状。

无论是免费 7 天试用，还是首月 6 元，当网友们体验过了成为会员的种种优待之后，再退回到非会员的状态就很难了。那么多想看的电影都要会员才能解锁，那么长的片头广告等得让人心烦，非高清的画面看得眼睛酸胀，像是得了老花眼……也许不是每天都想看、都会看，可是拥有了会员的权益，就相当于拥有了选择权，续费就这样顺理成章地发生了。

<u>有些时候，即使改变现状对自己更有利，人们也不愿意改变。</u>

回想一下，你有没有过这样的经历：在一个地方住得久了，即使房租略贵、交通不是很方便，也不太想挪窝？拿到免费试用的东西，试着试着就买下了？很久不穿的衣服，在真的准备扔掉的那一刻，却觉得好像还会再穿，又灰溜溜地把它放进了衣橱？如果你的回答是肯定的，那么你被"现状偏差"砸中了！

人们常说，最让人难忘的是"得不到"和"已失去"，其实这个概括并不完整。人在面对"将失去"的东西时，往往也会高估这个事物的价值，不愿意改变现状，或是要得到更高的回报才愿意改变现状。

## 69 最后一天特惠，错过就没有了！

> **损失厌恶** ｜ 面对同样数量的收益与损失，人们对损失的厌恶，远远大于收益带来的快乐。

假设1：有100%的机会获得500元，有50%的机会获得1000元，你选择哪一个？

从理性的角度分析，两个选项的期望值没有什么区别，都是500元；可是，在现实生活中，大多数人会选择第一种，毫无悬念地把500元收入囊中，美滋滋地去享用这笔钱。毕竟，选择第二种的话，有50%的风险什么也得不到。

假设2：你在路上捡了100元钱，结果不小心又丢了100元，你是什么心情？

从理性的角度分析，得到100元又失去100元，情况又回到了最初的状态，没有发生经济损失。可是，要真遇见了这样的事情，多数人都会感到郁闷，哪怕丢掉的100元钱是捡来的，可还是觉得自己损失甚大，丢钱的痛苦远远大于捡钱的快乐。

面对同等的收益和损失，为什么我们会觉得损失更难以接受呢？

人并不是完全理性的，在面对同样数量的收益与损失时，损失带来的痛苦，比收益带来的快乐更大。人们更倾向于避免损失，而不是试图获得收益，这种现象叫作"损失厌恶"。

损失厌恶反映了人类对损失和获得的敏感程度的不对称。人类对于避害的考量远远大于趋利。那么，这种心理机制是怎么产生的呢？

在漫长的进化历程中，人类面临着残酷的生存竞争，在没有站在食物链顶端之前，一直过着风餐露宿的生活。在恶劣的自然环境中，多宰杀一头猎物只能暂时改善一下生存质量，可是稍有不慎就会丢了性命。这种不对称的自然选择的压力，就导致了损失厌恶的产生。

在消费场景中，商家经常会利用损失厌恶来设计促销策略。"限时特惠""最后一天""仅限今日"……这些促销语就是抓住了人们害怕错过机会的心理。多数时候，人们为了避免可能的损失（错过优惠），就会倾向于立刻购买。

所以，在面临选择的时候，不要只想着"如果错过了，我会失去什么"，那样很容易掉进损失厌恶的圈套。你可以试着换一个视角去思考："如果我这么做了，我会得到什么？"这样更有助于平衡看待收益与损失。

## 70 破除"物以稀为贵"的执念

| **稀缺性偏差** | 当某些商品很难买到或有限供应时,人们感知到的这些商品的价值会增加。 |

有一个流浪汉,他唯一的财富就是一只木碗。每天出去流浪时,他都会把那只木碗顶在头上。有一天,流浪汉出海遭遇了大风暴,风浪把船打碎了。他抱着一根大木头,被海水冲到了一个小岛上。岛上的酋长看到流浪汉头上的那只木碗十分新奇,就用一口袋金子换了他的那只木碗,还派人用船把他送回了家。

流浪汉家附近的一个富翁听说了这件事,心想:"一只木碗都能换回这么多金子,那我要是送去很多好吃的,得换来多少金子啊?"于是,富翁装了满满一船山珍海味和美酒,去了流浪汉曾到过的那个小岛。酋长接受了富翁送来的礼物,品尝之后赞不绝口,声称要送给他最珍贵的东西。富翁很高兴,可他一抬头猛然看见酋长双手捧着的"珍贵礼物",顿时愣住:"这不就是流浪汉的那只破木碗吗?!"

中国有句俗语:"物以稀为贵。"

当某件商品很难买到,或是有销售期限,或是对购买资格加以限定,就很容易让人感受到商品的稀缺性,从而觉得这个东西比较珍贵、颇具价值，这种心理倾向叫作"稀缺性偏差"。

比如，两款甜品看起来都很好吃，一种库存较多，一种所剩无几，人们往往会购买所剩无几的那款，认为它会更好吃；再如，人们原本不想买某个东西，可是听说即将售罄，反而会涌起想要拥有它的欲望。

心理学家罗伯特·西奥迪尼认为，稀缺性的吸引力主要体现在，某种物品刚刚变得稀缺，且得到该物品需要面临与他人竞争的时候。

稀缺性偏差经常会被一些商家利用，刻意制造商品短缺的现象，增加消费者对拥有该商品的欲望。有一些网红店，甚至刻意花钱雇佣一些人在门外排队，显得自己的商品很受欢迎，让消费者产生一种"人人都抢着买"的错觉。

事物的价值取决于这个事物对特定人群的效用，与多少人争抢毫无关系。千万不要因为看到他人争相购买，就觉得这个东西一定很好；也不要因为有人与你竞争，就轻易改变你对一件事物的估值。

若是因为某个东西限量，挤破头皮去抢购，付出的可能远远超过它的合理价值。认识到稀缺性偏差的存在，有助于我们更加客观地评估一件事物的价值，破除"物以稀为贵"的执念，避免非理性的购买行为。

## 71 为什么你花的钱总是超出预算？

**诱饵效应**　人们在对两个不相上下的选项进行选择时，如果有第三个新选项（诱饵）加入，人们会感觉某个旧选项更有吸引力。

麻省理工学院的斯隆管理学院曾经做过一个测试：让100个学生订阅《经济学人》杂志，并提供了三种不同的选择。

选择1：花费59美元订阅电子版杂志。

选择2：花费125美元订阅印刷版杂志。

选择3：花费125美元订购印刷版和电子版的套餐。

结果显示：有16人订阅电子版杂志；有0人订阅印刷版杂志；有84人订购印刷版与电子版的套餐。多数学生认为，选择2和选择3的价格是一样的，选择3可以获得印刷版和电子版两种产品，相当于电子版杂志是免费的。

如果你是学生中的一员，你会选择哪一种？你认为选择3中的电子版杂志是免费的吗？

其实，"三种不同的选择"只是杂志社的策略，他们最初的目标就是让学生订购125美元的印刷版与电子版杂志的套餐。只不过，他们担心学生因为价格太高而拒绝，所以才设置了三种选择方案，它们分别有不同的存在意义。

59美元的电子版杂志是设定的"竞争者"，目的是与125美元的印刷版杂志进行对比；125美元的印刷版杂志是设定的信息"诱饵"，目的是促使学生们关注选择3，即"电子版杂志可以免费"。此时，学生们关注的焦点是"我节省了59美元"，却忽略了一个事实，自己根本没有必要多花一笔钱去买印刷版杂志，花59美元完全可以阅读到杂志的全部内容。

后来，有人对这个测试进行了改动，去掉"花费125美元订阅印刷版杂志"的选项：

选择1：花费59美元订阅电子版杂志。

选择2：花费125美元订购印刷版和电子版的套餐。

结果显示：有68人选择花59美元购买电子版杂志，只有32人选择花费125美元购买印刷版和电子版套餐。此时，学生们大都作出了相对理智的选择。

前后差别如此明显，恰恰印证了诱饵效应的存在。

诱饵效应是一种依赖情境的选择模式，当人们面对两个不同特质的选项时，突然加入一个诱饵选项（与前两项中的一个很相似却又略差一点），会显得原来那个更相似而更优的选项更有吸引力，从而影响人们对原有两个选项的选择概率。

设置诱饵的目的不是给人们增加新的选项，而是为了破坏其他竞争选项的优势，引导人们在对比中更倾向于接近"目标"选项。在前面的测试中，选择2"花费125美元订阅印刷版杂志"就是一个诱饵，其作用是误导和刺激学生，让他们将其与选择3"花费125美元订购印刷版和电子版的套餐"进行对比，从而突显选择 3（目标）的优势。

诱饵效应的设计很温和，既没有限制人们的选择自由，也没有违背人们的主观意愿，对商家来说绝对是有力的助推手段，但凡是有选择的场合，就有诱饵发挥的空间。

很多时候，人们纠结的不是要作出正确的选择，而是要给自己的选择一个合理的说法，诱饵的出现刚好起到了这个作用，它能让人理直气壮地说出"我为什么选择它"，即目标选项好在什么地方，可以成功地说服他人和自己"我看重的就是这一点！"

另外，人有厌恶损失的心理，如果选择了竞品（59 美元订阅电子版杂志），还是会感觉到损失带来的痛苦，毕竟竞品通常没有诱饵好（125 美元订阅印刷版杂志），还是需要权衡取舍的。可是，如果选择目标选项（125 美元订购印刷版和电子版杂志），肯定是"只赚不赔"的，因为它各方面都比诱饵更优秀。

诱饵效应是一种认知偏差，有些时候能够帮助我们更轻松地作出决策。可是，在有心之人的特别设计下，它也很容易把我们推向过度消费的旋涡。作为普通的消费者，我们需要认识到这一现象的存在，在购物时尽量保持理性，提醒自己真正需要的是什么，切记不要被那些看似划算实则没有必要购买的"诱饵"迷惑。只要你愿意多花几分钟冷静一下，重新审视所有的选项，就很容易从狭隘的比较中跳脱出来，避免花冤枉钱。

# 72 想卖东西给你的人，从来只说东西好

> **采樱桃谬误** ｜ 人们往往只看自己想看的东西，也只给别人看想给别人看的东西。

售楼小姐向一位中年阿姨推销房子，通过简单的交流，她得知阿姨近期迫切地想入手一套房子，给儿子当婚房。于是，她向这位阿姨介绍了房子的楼层、格局、面积、朝向等一系列内容。

阿姨听了半天，仍旧是云里雾里，就对售楼小姐说："这样吧，你带我去现场看看，看了之后，我心里才有底。"

售楼小姐带阿姨来到小区后，阿姨提出这个房子周围的环境不太好，说："你看，附近就是火车站，每天有多趟火车经过，太嘈杂了。"

售楼小姐赶紧解释说："阿姨，咱们这儿离火车站近，出门乘坐火车很方便，要是您儿子出差什么的，下火车后很快就到家了，都不用打车了。您说是不是？现在有不少人专门挑这附近的房子呢！况且，这儿的房子升值空间很大。"

听售楼小姐这么一说，阿姨觉得也有道理，就接受了这房子的位置。但很快，她又发现了一个不满意的地方："我要给儿子当婚房用，但主卧没有卫生间，这多不方便啊！上个厕所还要跑来跑去，冬天更是麻烦啊！"

售楼小姐笑着解释:"阿姨,从风水学上讲,卧室是清净休息的地方,而卫生间是污秽的场所,在卧室里设卫生间,其实对人身体是不太好的。您想啊,卫生间潮气很重,设在卧室,不影响卧室的空气质量吗?"

阿姨点点头,觉得这姑娘说的是那么回事。

最后,售楼小姐对阿姨说:"您看,这房子的格局、面积您都挺满意的,要不咱们把售房合同签了?签了之后,您就能拿钥匙了,也能提早安排装修,甚至明天就可以动工。结婚是大事,总得提前准备,您说是吧?"

阿姨说:"没错,那首付款是多少?"

售楼小姐说:"通常首付款是购房全款的30%,我们现在有优惠活动,只要支付购房全款的10%就可以。这套房子的总价是200万元,您支付20万元的首付就行了。"

阿姨一听很高兴,说:"20万元就能买房了啊?太好了。"

就这样,阿姨签了购房合同,交了20万元的购房款。可就在签完合同之后,售楼小姐告诉阿姨:"剩下的购房款,您可以通过房贷的形式来支付,每个月支付13700元的贷款,还贷20年即可。"

"啊?!每个月还13700元?这不是要人命吗?我哪儿有能力每个月支付这么多钱啊!你为什么不早点告诉我?要是早知道……"阿姨懊恼不已,责怪售楼小姐没有说清楚,结果陷入了扯皮之中。

售楼小姐强调房子的种种好处,哪怕是客户提出的异议,也巧妙地自圆其说了。实际上,她是在利用"采樱桃谬误"给那位阿姨制造错觉,让她误以为房子真有那么好。那位阿姨也比较粗心,连最起码的贷款买房常识都不了解,只听到"首付20万元"就盲目签了合同。

采樱桃谬误,是指有选择地说话,像采樱桃那样专门拣好的樱桃摘,只选择呈现美好的部分，而把不利于自己的那些话藏起来。在现实生活中，人们总是倾向于展示自己好的、有利的一面，或者只看到自己想看到的一面。

广告的目的，最主要的就是吸引和劝说顾客购买商品。回想一下：生活中有哪些广告给你留下了深刻的印象，你是否完全相信了这些广告词？我想，即便我们的批判性思维能力还没有达到很高的水平，也知道广告所说的话不可尽信。

为什么广告里的话不能全部当真呢？

原因就是，有一些信息被刻意绕过或省略了！几乎所有的产品都有一些积极的、美好的特质，当对方只想让我们知道他们想让我们知道的信息时，就会刻意强调那些积极的特质，而隐藏那些消极的信息。

我们不妨一起来看一则广告信息："我们的黄油由经过巴氏杀菌法处理的乳酪制成，这些乳酪全部取自经结核菌素试验的牛群，带给你健康与安心！"

事实上，所有在美国出售的黄油都必须由经过巴氏杀菌法处理的乳酪制成，这些乳酪都必须取自经结核菌素试验的牛群，这是一条硬性规定，但广告里并未指出这一点。

其实，不只是在消费方面不能过度相信广告，在求职就业、赚钱致富的问题上，我们更需要提高警惕。网络上经常会发布一些收入多、来钱快的工作招聘信息，不少年轻人为之心动，只看到"月入过万""轻松在家工作"等吸引人的字眼，忘了去辨别这些工作是否合法，可能轻则上当受骗，重则沦为他人犯罪的"帮凶"。

## 73 威逼利诱面前，你心动了吗？

> **框架效应** 一个客观上相同问题的不同描述，会导致人们作出不同的决策判断。

心理学家丹尼尔·卡尼曼与阿莫斯·特沃斯基开展过一项调查：

假设美国正在为预防一种罕见疾病的暴发做准备，预计该疾病会导致 600 人死亡，现在有两种应对疾病的方案可供选择。研究员分别向两组受试者描述了两种假定方案会产生的结果。

（1）生存框架方案：如果采用 A 方案，200 人可生还；如果采用 B 方案，有 1/3 的可能 600 人可生还，有 2/3 的可能无人生还。

（2）死亡框架方案：如果采用 C 方案，400 人将死去；如果采用 D 方案，有 1/3 的可能无人生还，有 2/3 的可能 600 人将死去。

结果显示：在生存框架方案中，有 72% 的受试者选择 A 方案；在死亡框架方案中，有 78% 的受试者选择 D 方案。

仔细观察不难发现，两种框架下的方案是一样的，只是描述方式不同罢了。然而，就是语言形式上的小小变化影响了受试者的决策和判断，这就是"框架效应"。

人们在作决策时会有一个参考和依赖的框架，这种框架就是表述方式，分别从收益角度和损失角度表述同一个问题，可能会导致完全相反的结果。

加油站 A：每升汽油 8 元，现金支付每升优惠 0.5 元；

加油站 B：每升汽油 7.5 元，电子支付每升补加 0.5 元。

家具店 A：沙发售价 3100 元，免费送货上门，自提优惠 100 元；

家具店 B：沙发售价 3000 元，运费 100 元。

从客观角度来看，两个加油站的油价是一样的，两个家具店的沙发售价也是一样的，并没有实质差别。可是，加油站 A 和家具店 A 的价格描述却更受消费者欢迎，因为它们提供的是"优惠"和"免费送货"的"收益"；加油站 B 和家具店 B 提供的却是"补加"和"运费"的"损失"，人都有厌恶损失的心理，自然唯恐避之不及。

人在作决策时都会考虑规避风险、减少损失。商家们抓住了消费者倾向于选择"收益"的心理，在促销中借由文字制造框架效应，如："满 300 元减 50 元，现在还差 70 元，要不要凑单？""现在是 79 元，满 88 元免运费""原价 99 元 / 件，现价 2 件 8 折"，让消费者感觉可以得到实惠，从而产生购买热情。

影响人们决策的框架效应主要有三种类型：

1. 属性框架。

当一个事物的关键属性被贴上正面标签时，人们会倾向于对它作出更好的评价。比如，促销中常用"狂欢""大促""百亿补贴"等词语。

2. 目标框架。

当一个信息被贴上存在潜在损失的标签时，它会更具说服力。相比获得收益，人们更倾向避免损失。比如，同样是支付 66 元，与"买 60 元的商品，支付 6 元运费"相比，人们更愿意接受"满 66 元免运费"，因为"支付6元运费"被视为"损失"。

3. 风险选择框架。

相比可能获得有利结果的方案，人们更倾向于选择可以避免不利结果的方案。比如，有些促销活动设置了"定金预售"的规则，如果消费者取消订单，"定金"是不退的，如果不取消订单，就可以享受优惠。在"避免损失"的负面框架下，消费者更倾向于选择"定金预售"，并且尽可能"不取消订单"。

三种框架效应虽不完全一样，但其核心就是规避风险、趋利避害。作为消费者，在面对这些充满诱惑的信息时，我们要认清自己为何而买：究竟是商家的"威逼利诱"，还是遵从自己内心的想法和真实的需求？不要被框架效应牵着鼻子走，不沦为他人的"提线木偶"，作出完全属于自己的决策。

CHAPTER 6
是什么在悄悄掏空你的钱包?

# 74 我们总是过分高估自己的心血

> **宜家效应** ｜ 人们倾向于高度评价自己参与创造的产品，对一个物品付出的劳动或情感越多，就越容易高估该物品的价值。

在宜家购买过家具的朋友都知道，它的家具都是需要自己来组装的，请师傅上门组装是要单独收费的。在"懒人经济"盛行的当下，人们都在花钱买便利、买时间，多数商家也在努力提供这类服务，直接把家具成品送上门多省事，为什么宜家要反其道而行之呢？

经济学家丹·艾瑞里、丹尼尔·莫孔和迈克尔·诺顿在《消费者心理学杂志》上发表的一篇论文中提到，仅劳动本身就足以诱发人们对劳动成果的更大喜爱，他们将这种现象称为"宜家效应"，指出人们在制造物品的过程中投入的感情越多，付出的时间越多，物品对人们的意义就越大。

丹尼尔·莫孔曾经做过一个实验，来证实宜家效应的存在：研究员指导一组受试者学折纸鹤和青蛙，另一组受试者旁观。完成之后，研究员询问所有受试者愿意付出多少钱来回购这些作品。结果显示：制作组的受试者平均愿意支付23美分购买，旁观组的受试者认为这些折纸小动物只值5美分，两组受试者给出的价格相差近5倍。

随后，研究员邀请两位折纸大师制作了一些精美的纸鹤与青蛙，并邀请旁观组的受试者对这些制作精美的艺术品给出一个客观的购买价格，这一次他们的平均出价是27美分。

由此可见，制作组的受试者对于自己作品的估价存在较大的偏差，认为它们与专业作品一样好；而旁观组的受试者认为业余水平的作品没有什么价值，但对专业大师制作出来的艺术品赞赏有加。

宜家效应的核心是认知偏差，通过增强消费者的参与感，拉近消费者与产品的距离，从而使消费者对产品产生情感关联。当你成功组装了一个柜子，你就会在潜意识里赋予这个柜子更高的价值，因为你为此付出了劳动、时间和情感。

电商平台上售卖的DIY油画一向很火爆，很多人愿意买现成的底稿，用卖家搭配的颜料和画笔按照说明书自己上色，最后再装裱。虽然不是自己原创的，可是人们潜意识里认为这就是自己创作的画，甚至忍不住发到社交平台炫耀一番。

你有没有过类似的经历：原本只是想体验一下某物的制作过程，结果又花了额外的钱买下自己做的东西，认为它有特别的价值和意义？的确，我们很容易因为自己的劳动和情感投入而产生这样的想法，但其实这是一种认知偏差。下次，再遇到"DIY创作"的情况时，不妨跳出来看看，谨防自我感动。

CHAPTER 6
是什么在悄悄掏空你的钱包？

# 75 为什么意外之财经常被挥霍？

> **心理账户** 人们会将不同来源的钱进行分类，对待它们的态度也不一样。

拿到工资单，L发现这个月的收入比平时多了3000元，那是他上个月的加班费。他一直想买一台平板电脑，这笔加班费刚好够用。可是一想到这些钱是自己起早贪黑换来的，他又不舍得买了，毕竟赚钱不易嘛！

春节，姑妈从国外回来探亲，给了L一个红包，里面有3000元。这一次，L果断给自己下单了一台平板电脑。虽然价格也是3000元，可他却觉得自己"一分钱也没花"，内心没有丝毫不舍，就像是"白捡"一样。

同样是用3000元买平板电脑，为什么用自己的加班费买总觉得心疼，用姑妈给的红包购买却丝毫不犹豫？都是装在自己兜里的钱，有什么不一样吗？

著名行为经济学家、芝加哥大学教授理查德·塞勒提出了一个"心理账户"的概念，他认为人们会把现实中客观等价的支出或收益在心理上划分到不同的账户中，以不同的态度对待等值的钱财，并作出不同的

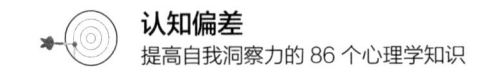

决策行为。

因为心理账户的存在，人们在作决策时经常会违背一些简单的经济运算法则，从而做出许多非理性的行为。在 L 看来，加班费是"辛苦工作赚来的血汗钱"，不能随意挥霍；姑妈给的红包属于"意外之财"，自己没有付出任何努力就拥有了，花起来不心疼。

很显然，这是一种认知偏差。正如卡尼曼所说："人们往往没有意识到，意外之财也是收入的一部分。"从传统经济学角度来说，买彩票中的 500 元，和辛苦工作赚来的 500 元，或是别人赠送的 500 元，价值都是相等的。只不过，大脑在思考的时候，对这些钱进行了分类，并赋予其相应的价值。

心理账户经常会促使人作出不理性的消费决策，悄悄"偷"走我们口袋里的钱。

花 120 元买朋友一直想吃的哈根达斯冰激凌作为生日礼物送给他贵不贵？如果从金钱账户上来看，120 元的价格并不便宜，用这笔钱买日用品、蔬菜和水果，正常情况下可以支撑两天的食材开销。如果从心理账户上看，这是一份爱和情谊，用 120 元表达诚挚的感情，似乎并不算贵。

看到了吗？很多时候，我们就是这样把"金钱账户"转移到"心理账户"，从而产生了情感上的购买欲望。想成为一个理性的消费者，要尽量做到对所有账户一视同仁，才能避免落入心理账户消费的陷阱。

CHAPTER 7

# 你被错误的逻辑带偏了吗？

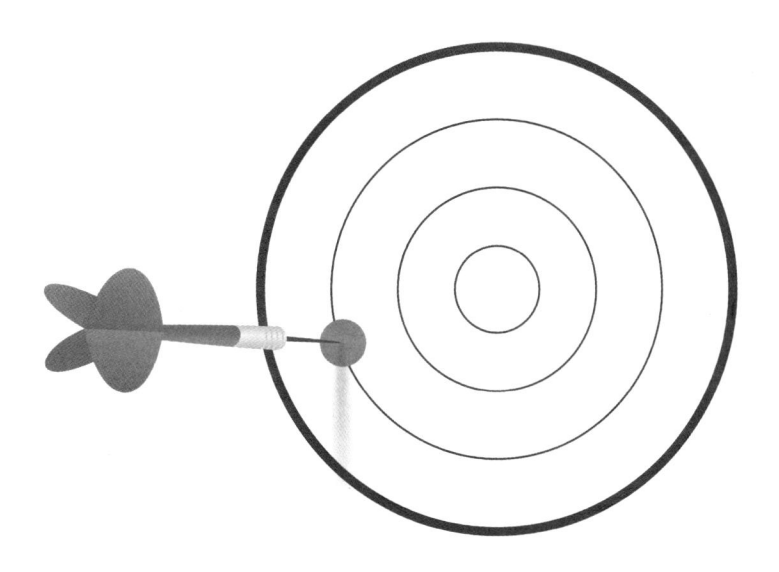

警惕容易被忽略的思维陷阱

## 76 挂上了鸟笼，就一定要养鸟吗？

> **鸟笼效应**　人们在遇到某一问题时，通常会先入为主地按照自己熟悉的某个方向或途径去联想，把遇到的问题纳入自己熟悉的框架进行分析，从而让思维形成一种惯性。

1907 年，心理学家詹姆斯从哈佛大学退休，同时退休的还有他的好友物理学家卡尔森。

一天，詹姆斯对卡尔森说："如果我送你一只鸟笼，把它挂在你家中最显眼的地方，我保证用不了多长时间，你就会买一只鸟回来。"卡尔森不信，说："我不会养鸟的，因为我从来就没有想过要养一只鸟。"

没过几天，詹姆斯就买了一只漂亮的鸟笼送给卡尔森。接下来，只要有客人看见那只鸟笼，就会问卡尔森："你的鸟去哪里了？是飞走了吗？"卡尔森向客人解释说："不是这样的，我从来就没有养过鸟，鸟笼是朋友送的。"可是，每当卡尔森这样解释时，换来的都是客人的疑惑，他们觉得很奇怪："不养鸟的话，挂个鸟笼干什么？"

最后，卡尔森只好去买了一只鸟放进鸟笼里，以避免无休止地作解释。

很多时候，人们受制于强大的惯性思维，认为只有养鸟才会买鸟笼，有鸟笼就证明养过鸟。这种思维的益处在于，可以帮助我们迅速快捷地认知和适应周围的世界。可是，如果盲目按照这个逻辑思考问题，就会形成一种刻板思维。事实上，如果一个鸟笼设计得精巧漂亮，完全可以当成一件艺术品、观赏品，未必要用它来养鸟。

　　惯性思维是遵循之前固有的思路去思考问题，它很容易让人的思想固定封闭形成盲点，缺乏突破与创新。有时，跳出限定自己的固有思维，往往会发现"鸟笼"以外还有另一个世界。在破除了自己身上的鸟笼效应之后，接下来要做的就是避免受他人的影响，不要为了满足他人心中的"鸟笼"作出违背内心的选择。

## 77 经验是强大的老师,直到它变得不可靠

> **轻率归纳** 人们经常在收集的事例和信息不足的情况下,轻率地作出结论。

看到天空乌云密布、燕子低飞、蚂蚁搬家等现象时,我们往往会推测天可能会下雨,出门得带伞。这种归纳推理能够帮助我们处理不少问题,但客观世界是很复杂的,而我们的认知有限,过去的规律和经验不一定适用于当下的情况。

有只火鸡很喜欢归纳,当它发现主人第一次给它喂食是上午9点时,并没有急着下结论,而是继续细心观察。火鸡留意主人每一次给它喂食的时间,包括晴天、阴天、雨天、雪天等不同的天气,想在主人给它喂食的时间上找出一些规律。

经过一段时间的观察,火鸡发现:无论什么天气,主人都会准时在上午9点给它喂食。于是,火鸡果断地作出结论:主人每天上午9点给我喂食。

当它作出这个结论后不久,圣诞节来临了。它怎么也没有想到,主人在圣诞节这天早上9点,把它杀了。临死前一刻,火鸡带着深深的遗憾感

叹道："早知道有这一天，就不吃那么多了，把自己饿瘦一点儿！"

这是英国哲学家罗素举的一个例子，他想借助这个小故事阐述轻率归纳的现象。

在现实生活中，有些人在收集了一些事例后，发现这些事例可以总结出一个结论，然后就武断地作出结论，并坚信自己的结论是对的。事实上，很多事情是没有办法根据前面已知的规律推出来的，而且人的主观能动性受到多方面因素的影响，如情绪、情境、物质条件等，轻率地归纳往往会掉进不知名的陷阱。

人们之所以会犯轻率归纳的错误，往往是因为过分地相信经验。

我们常常会听到这样的说辞："经验是前人从无数经历中总结出来的，依靠经验，能少走许多弯路。"不可否认，在某些事情上，经验确实可以帮助我们绕开一些弯路，但它不是检验真理的标准，若把经验作为论据，当成解释事物的出发点，或是分析事物的基础，往往会作出错误的判断。

泰坦尼克号的船长史密斯曾经信誓旦旦地说："根据我所有的经验，我没有遇到任何……值得一提的事故。我在整个海上生涯中只见过一艘遇险的船只。从未见过失事船只，从未处于失事的危险中，也从未陷入任何有可能演化为灾难的险境。"

这位大名鼎鼎的船长，根据过往的航海经历归纳海上航行的安全性高，可是后来发生的事，我们都知道了——他随着泰坦尼克号沉入了冰冷的大西洋中。

在黑天鹅被发现之前，人们一直认为所有的天鹅都是白色的，这就是轻率归纳的结果。经验是强大的老师，但我们仍需秉持一份质疑精神，因为所有的确信都只是暂时的，一旦被"想当然"推着走，就可能面临失误，甚至酿成无法挽回的悲剧。

## 78 抽细烟变瘦的错觉是怎么来的？

> ☞ **联想偏误** | 人们常常会把没有因果关系的事物错误或不当地联系到一起，并据此作出决策。

联想是人类大脑学习事物的基本原则，一旦两个对象在人的意识中被牢牢地联结在一起，那么人们看到其中一个，就会想起另一个。从某种意义上说，我们应当感谢联想机制，它让人类心智产生了伟大的成就，创造了文学、艺术和音乐，也促进了科学的发展和进步。但是，从理性决策的角度来说，我们也需要警惕这一机制，有时候它会让我们陷入联想偏误。

维珍妮细烟的广告，给许多人留下了深刻的印象。

先来看"维珍妮"这三个字，它不仅是香烟品牌的名字，也是女性的人名。这个名字通常会与年轻漂亮的女子一同出现在画面上，让人自然而然地产生一种联想——画面中的女子叫"维珍妮"，这恰恰是广告商希望看到的。

再来看"细"这个字，它精准地描述了这种香烟的外形要比其他品牌的香烟细，同时它也会让人想到女性"纤细的腰围，纤细的身材"。

毫无疑问，这样的设计让人们产生了固定联想，这也正是广告商希望人们产生的联想：维珍妮香烟似乎可以让广告中的女子变得纤细（广告中的模特的确比现实中的多数女子都要纤瘦）。借由固定联想，人们在看到维珍妮细烟时，即刻就会想到年轻、性感、时尚、纤细，从而产生认知偏误——抽维珍妮细烟可以让女性的身材变得纤细。

现实中类似的情况还有很多，比如：可口可乐的广告总是给人一种年轻、充满活力的感觉，我们永远不会看到可口可乐与一张布满皱纹的脸或苍老的身体出现在一起。

联想偏误，经常会影响决策质量。人们普遍不喜欢带来坏消息的人，这种现象被称为"斩来使综合征"，原因就是信使和坏消息被联系在了一起。

首席执行官和投资者们也存在这种无意识的倾向，总想避开这种误以为会送来坏消息的人。结果导致只有好消息能抵达上层，从而形成一张被扭曲的形势图。巴菲特深谙这一点，所以他指示公司的首席执行官们——不要告诉我好消息，只告诉我坏消息，且要直截了当。

# 79 你认为是这样，就是这样吗？

> **乱赋因果** | 没有充分的证据，就轻率地断定因果关系。

电影领域里有一个技术叫"蒙太奇"，大致是把两个互不关联的镜头剪辑到一起，构成一种隐喻，让观众自动发挥想象力。其实，这种现象不只出现在观影时，人们在现实生活中更加擅长"脑补"各种剧情，把不相干的事物联系在一起，没有充分的证据就乱赋因果关系。

○思考1：你能看出下面这两句话有什么问题吗？

——"致使大量人员死亡的原因是强烈的地震。"

——"大雪导致了铁路交通的瘫痪。"

这两句话的共同之处在于，把事件的结果归咎于某一个原因，忽略了其他的因素。

以地震来说，房屋倒塌是造成人员伤亡的直接原因，但建筑质量低劣也是不可忽视的重要因素；以铁路交通瘫痪来说，大雪只是客观因素之一，能源供应不足、铁路运力不足、应急能力不足等问题，也需要考虑进去。

很多时候，事件的发生是由许多因素联合起来共同发挥作用的结果，着意强调这些因素中的一个或多个因素的作用，就犯了过度简化因果关系的错误。

○思考2：玛雅人犯了什么样的思维错误？

古玛雅人通过反复观察，发现农作物生长是需要雨水的：雨水少时，庄稼的收成明显减少；不下雨时，简直就是寸草不生。这可怎么办呢？不下雨的时候该怎么求雨呢？

现在我们都知道，抽取地下水可以解决灌溉的问题，但这个办法超出当时玛雅人的能力范围。他们选择了一个既糟糕又无效的方法——活人献祭。只要出现旱灾，就有人自愿淹死在乌斯马尔、奇琴伊察等地的天然水井中。除了人，许多珍贵的物品也被扔进井里。他们认为这样做可以取悦自己信奉的神，让神吩咐身边的少女将水瓶里的水洒向地面。

在献祭了几个活人后，天真的下雨了。为此玛雅人得出结论：献祭有用。之后，再遇到不下雨的情况，玛雅人就选择献祭活人。当他们接受了这个错误的通则后，没有任何东西可以阻止神权政治以各种理由、为了各类神及其他特殊目的来献祭活人。

当两个情况接连发生时，尤其当它们不断接连发生时，人们会不禁认为，其中一个情况可以解释另一个情况，这种没有任何可信度的错误思考叫作"在此之后"。

两个事物之间可能存在必然联系，但在因果关系成立之前，我们必须确认，剔除了这一原因之后，结果还能不能在不违反某些公认的一般原则下继续存在？

○思考3：下面的三个推理有什么问题？

——"研究发现，越是成功人士，睡眠时间越短。"

——"研究发现，去医院越多，越容易生病。"

——"研究发现，儿童期吃西蓝花越多，成年后的职业收入越高。"

上述的推理，均犯了因果混淆的错误。按照这一逻辑，不睡觉就能变成富豪，就算生病了也不要去医院，现在赚钱少是因为小时候吃的西蓝花太少。

事物之间有相关性，不能证明它们存在因果关系。有时，两者之间的因果恰恰相反，或者两者之间根本没有因果关系。

错把相关当因果，是人们经常会犯的错误，也是一件危险的事。虽然原因先于结果出现，可先于结果出现的还有其他因素，其中有一些并不是引发结果的原因。在分析事物时，如果把相关视为因果，很容易作出误判。

## CHAPTER 7
你被错误的逻辑带偏了吗?

# 80 上不了好学校,这辈子就毁了?

> **☞ 滑坡论证** | 从一个小的陈述或猜想开始,进行一连串的因果推论,夸大每个环节的因果强度,将"可能性"转化为"必然性",最终得出一个不合理的结论。

印度电影《起跑线》中的拉吉夫妇,凭借自己的努力跨进了中产阶级,妻子米图不愿意让孩子重复她和丈夫年少时的读书经历,为了让孩子接受好的教育四处奔忙。

每次丈夫拉吉对孩子上学的问题发表与她不一致的意见时,米图便会陷入一种近乎歇斯底里的焦虑中。她以一种循环往复且情绪化的方式,描绘出了一幅令人不安的糟糕图景:

"孩子上不了好的幼儿园,就进不了好的中学;进不了好的中学,就没法考上好的大学;考不上好的大学,就不能进入跨国公司找一份好工作……这样孩子就会被同伴撇下,那孩子就会崩溃,最后孩子就会学坏,然后吸毒……"面对妻子这一系列近乎灾难性的联想,尤其是"吸毒"这一极端后果,丈夫拉吉被吓得不行,不得不屈服于妻子的强烈意愿,共同陷入了为孩子教育奔波的无尽焦虑中。

影片通过拉吉夫妇的这一系列举动,尤其是米图那串近乎偏执的

"预言",不仅让观众在欢笑之余感受到一丝讽刺,更引发了对于教育焦虑与极端期望背后逻辑的深刻反思:难道一个孩子未能踏入所谓的"名校之旅",就注定会步入歧途吗?

从一个具有正确关系的条件句开始,经过一系列"听起来头头是道"的推导,最终得出一个不好的结论,这就是很荒谬却又很有说服力的滑坡论证。

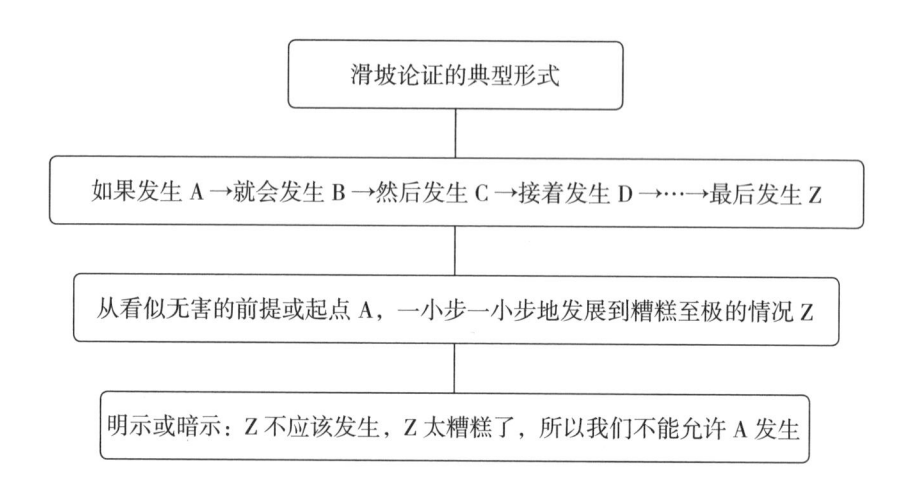

```
                    ┌─────────────────┐
                    │  滑坡论证的典型形式  │
                    └─────────────────┘

┌──────────────────────────────────────────────────────────┐
│ 如果发生 A →就会发生 B →然后发生 C →接着发生 D →……→最后发生 Z │
└──────────────────────────────────────────────────────────┘

┌──────────────────────────────────────────────────────────┐
│ 从看似无害的前提或起点 A,一小步一小步地发展到糟糕至极的情况 Z │
└──────────────────────────────────────────────────────────┘

┌──────────────────────────────────────────────────────────┐
│ 明示或暗示:Z 不应该发生,Z 太糟糕了,所以我们不能允许 A 发生 │
└──────────────────────────────────────────────────────────┘
```

从一个看似无害的前提或起点 A 开始,一小步一小步地发展到不可接受的极端情况 Z。之所以这样推论,为的就是明示或暗示:"Z 不应该发生,所以我们不能允许 A 发生。"

滑坡论证听起来特别有道理,但其实根本不成立,你知道为什么吗?

滑坡论证的错误在于,每个"坡"的因果强度不一样:有些因果关系只是可能,不是必然;有些因果关系很弱,甚至是未知的、缺乏证据的。即使 A 真的发生了,也无法一路滑到 Z,Z 不是必然发生的。在具备足够的证据之前,不能认定极端的结果必然会发生。

滑坡论证之所以唬人，原因主要有两点：

第一，人脑对秩序有一种本能的偏好，很容易相信层次递进关系的逻辑，哪怕这种逻辑是禁不起推敲的。第二，偷换概念，把有"可能发生的事情"推论成"必然发生的事情"。

为了避免陷入滑坡论证的误区，我们应当掌握两条应对思路：

1. 回归效应。

回归效应，类似于波峰波谷中间的横线，无论波动起伏是什么样，都要以这条线为基准，走到极端意味着要回归正常值了。之前流行超短裙的时候，有人感叹"裙子越来越短，真是世风日下！"实际上，短裙子流行一段时间后，往往又会重新开始流行长裙，如此往复，我们从来没有在路上看到裙子短到"消失"的情况。

2. 集中议题。

集中议题，就是一次讨论一件事，遇到问题就只针对问题，避免让问题扩散。如果你和对方解决的是眼前的小事，千万不要翻旧账，一路滑坡就把问题扯得太远了。

## 81 至尊宝的深情告白骗了多少人？

> **无理假设** 人们常常喜欢做无理的假设，以此安抚情绪，或是幻想未来、表达悔恨。

多年前看《大话西游》，印象最深刻的就是至尊宝那段深情告白：

"曾经，有一份真挚的爱情摆在我面前，我没有珍惜，等到失去才后悔莫及，人世间最痛苦的事莫过于此。如果上天能够给我一个再来一次的机会，我会对那个女孩子说三个字：我爱你。如果非要给这份爱加上一个期限，我希望是一万年。"

这份告白听起来那么真挚，那么动人，又带着丝丝的伤感与悔恨，感动了无数少女的心。可是，感动之后呢？还得面对错过与失去的现实。说到底，至尊宝的告白不过是一种美好的假设，现实是无法改变的。退一步说，就算假设成真了，一切都能兑现吗？

科学的假设是一种方法，可用于各个领域的研究；但如果假设不科学，就像至尊宝的那段告白，完全是用来安慰内心、平缓情绪、表达悔恨的说辞，这样的假设就属于无理假设。

在不少和家庭暴力有关的报道中，施暴者在实行暴力行为后，往往都会向受害者表达悔恨之意，比如："我不是故意的，再给我一次机会，

# CHAPTER 7
你被错误的逻辑带偏了吗？

我不会再打你了，我保证……"言辞之恳切，态度之真诚，让受害者不由得心软，相信他们会改过。

结果如何呢？绝大多数的施暴者，在下一次情绪失控时，依然还会重复过去的暴力行为，甚至变本加厉地殴打对方。他们当初的那些假设，完全是虚无缥缈的。

面对一些人在悔恨时的假设，我们一定要保持冷静和理智的态度，切不可轻信和心软。很有可能，今天的你选择了相信，明天的你还要继续承受原来的痛苦。

## 82　有数据证明，怎么可能是假的？

> **数据迷信**　人们经常会简单地把数据等同于科学。

"除了上帝，任何人都必须用数据来说话！"

请你认真思考一下，这句话有什么问题？

揭晓谜底之前，我们得先明晰一件事情：上帝到底属不属于人？

如果上帝不属于人，把两者放在同一位置上进行差别比较，没有任何意义。如果上帝属于人，两者存在比较的基础，那就又出现了一个问题：倘若"任何人"包括上帝，那么上帝也必须"用数据来说话"，这句话前后就矛盾了。

其实，解决这个问题的方法并不难，放弃用"上帝"作比较，直接把这句话改成："任何人都必须用数据来说话。"可是，这又引发了一个新的思考：数据就一定可信吗？

在现实的论证中，人们经常会将统计数据作为证据。数字会让证据显得极具科学性，十分精准，似乎它就代表了"事实"。其实，这是一种错误的认知，如果过分相信数据，就会落入数据迷信的思维陷阱。我们必须认清一个真相：统计数据会且经常会说谎！

数据是如何欺骗我们的？或者说，为什么我们不能尽信数据呢？

### 1. 乱用数据。

有些数据可以证明一件事，但这并不意味着可以用这些数据去证明另一件性质截然不同的事，此时的数据无法作为可靠的证据。

"如果你坐地铁的话，可能会丢手机。有统计数据表明，小型电子产品占地铁系统失窃的70%。"请注意，这里的数据只能证明，地铁系统的大部分偷窃行为和小型电子产品有关，但不能证明这类偷窃行为发生的概率有多大。

### 2. 数据偏差。

要为特定的目的得到精确的数据常常会遇到各种阻碍，有时人们不愿提供真实的信息，或不能如实报告各种事件等。所以，统计的数据往往只是基于事实作出的一些估计，这些估计有时是存在欺骗性的。

"40%的大学生饱受抑郁症的折磨！"看到这一数据时，你是会为年轻人的心理状况感到担忧，还是会思索这个统计数据是怎么得来的？不知来历的统计数据往往能带给人深刻的印象，但这些数据的精确性常常令人怀疑。在对这样的数据作出反应之前，我们需要问一句：这些数据是怎么得来的？

### 3. 多含义的数据。

看到某个数据时，不仅要确定数是多少，更要确定数指什么。以描述一组数据"中心位置"的集中量数来说，就分为平均数、中位数和众数，还要判定最小数值与最大数值之间的差距，也就是数值分布。如果不搞清楚这些，就贸然地相信一个数据，可能会让我们难以看清真相。

测定一组数据"中心位置"的方法有三种，每种方法可能得出不同的数值：

（1）平均数：把所有数值相加，用总数除以相加的数目。

（2）中位数：将所有数值从大到小排列，找到位于最中间的数值。

（3）众数：计算不同数值出现的次数，找出出现频率最高的数值。

"相关调查显示，大学生每周平均花在学习上的时间是12.8小时，与20年前的大学生相比学习时间少了一半。"这个结论能不能证明，大学生们在学业方面付出的努力变少了呢？当然不能！我们要看这里的平均值是按照哪一种方式计算的。如果有些学生花了很多的时间在学习上，比如一周30~40小时，平均数就会被拉高，但不影响中位数或众数的数值；如果这里列举的平均值是中位数或众数，那我们还可能高估了平均的学习时间。

"这个病预后情况不太乐观，患同样癌症的人存活时间的中位数是10个月，你们不妨考虑一下，在患者生命最后的这段时间里，如何提高一下生活质量吧！"听到医生给出这样的"审判"，患者家属会是什么心情呢？

别急着沮丧，医生说的话，可以让我们明确知道患这种癌症的人有一半不到10个月就去世了，另一半人存活时间超过了10个月。但仅仅知道这些还不够，我们还需要了解活下来的那些人存活时间的全距和数值分布！

也许，存活时间超过10个月的患者的数值全距和分布显示：有些人甚至很多人存活的时间远不止10个月，甚至活了几十年！知道患者存活情况的完整分布，患者和家属可能会改变对当下处境的看法，用更恰当的心态去处理问题。

总之，面对真实的数据，面对看似严谨的理论，我们都需要并且敢于质疑。

CHAPTER 7
你被错误的逻辑带偏了吗?

## 83 如此狂妄之士,能有什么才华?

> 👉 **以人为据** | 判断一个人的观点正确与否时,不看观点本身,而是看发表这种观点的人。

古典名著《三国演义》里有这样一处情节:

孙权盘踞江东多年,通过举贤任能招揽了不少的人才,为东吴的发展奠定了坚实的基础。然而,有一个人却没有得到孙权的任用,且他的才智不逊色于诸葛亮,这个人就是庞统。

其实,鲁肃曾经向孙权举荐过庞统。当时,孙权见庞统长相丑陋,行为古怪,就对他产生了不好的印象;且在面试的过程中,庞统的表现又进一步加深了孙权对他的厌恶感。

面试一开始,孙权问庞统:"你平生主要学习什么?"

庞统回答道:"没有固定,什么都学,随机应变。"

孙权又问:"你的才学与周瑜相比如何?"

庞统说:"某之所学,与公瑾大不相同。"意思是说,我的学问大了,不在周瑜之下。

孙权原本就嫌他面相丑陋,加之听了这样一番话,对庞统更是好感全无。因为孙权平生最喜欢周瑜,而庞统却没有把周瑜放在眼里。于是,孙权就让庞统回去等消息，其实就是不想用他，找个说辞而已。庞统也明白孙权的意思，走时长叹一声。

鲁肃不理解，连忙问孙权："主公为何不用庞士元？"

孙权说："狂士也，用之何益？"意思就是，庞统太狂妄了，不想用他。

孙权被誉为贤明之主，然而在是否任用庞统这件事情上，他并不是依靠理性来作决策的，他甚至还犯了一个愚蠢的错误，那就是"以人为据"。

通常来说，以人为据有两种类型：以貌取人和以立场看人。

1. 以貌取人。

对那些印象不好的人所说的话、所做的事，都采取否定和反对的态度。

2. 以立场看人。

如果对方的立场与自己不同，就把对方视为敌人或对手，对对方所说的话、所做的事，都采取反对的态度。

孙权对庞统的印象不好，就不相信庞统说的话，也不相信庞统的才华。即使鲁肃极力推荐庞统，拿出可以证明庞统有才华的事例，孙权依然不用庞统，这是以貌取人。

庞统对周瑜是不屑一顾的态度，这与孙权对周瑜的立场刚好相反，这就更加剧了孙权对庞统的厌恶，这是以立场看人。

无论从哪一点上来看，孙权都犯了"以人为据"的错误。实际上，狂士未必无才，人的性格如何，无法推出他的才华与能力。我们在作决策时，要凭借理性思考问题，实事求是地审视人才，切勿掉进以人为据的陷阱，这会让判断产生偏差或失误。

## 84 为什么又变成了原来的样子？

> **回归谬误** ｜ 某件事发生后，某个指标回归平均值，就认为这件事是导致该指标发生变化的原因。

无论是考试分数、比赛成绩、工作表现，还是股票价格、电影票房，这些事物在出现极端情况之后，往往都会回归到平均的状态，这就是统计学上所说的"均值回归"。然而，很多人忽略了这一规律，总是"想当然"地从回归平均的现象中得出错误的因果关系。

Y第一次英语测验得了满分，父亲说他进步很大。第二次测验他只得了95分，遭到了父亲的批评。第三次测验，Y又得了满分。父亲认为："夸奖让人骄傲，批评让人进步。"

S上次羽毛球比赛的成绩特别差，教练把他狠狠地训斥了一顿。结果，这次比赛S表现得很出色。教练认为，对待S就得严厉一些，训斥更容易让他得到教训。

F连续两天发烧到39℃，第三天吃了退烧药，很快烧就退了。妈妈懊悔地说："要是早点给孩子吃退烧药就好了！"

从统计学上看，事件发生的概率都是围绕一个均值来回波动。当极端事件发生之后，某个指标会回归平均值，然而上述情境中的父母和教练却把这种变化归因于他们的行为或干预，实在是荒谬。

人不可能在考试中次次都拿满分。以 Y 为例，即使你不称赞他，他第二次测验也会得 95 分；你不责骂他，他第三次测验也会拿到满分。这是他的实力所在，不能断定是受夸赞或责骂的影响。

人在比赛中的表现往往是不确定的，时好时坏。当前一次打出很少发生的极其糟糕的成绩时，即使什么都不做，下一次也可能会打出比上一次好的成绩。同样，如果前一次比赛表现得罕见地出色，那么下一次的比赛成绩通常会比前一次差。

人在发烧两天以后，有时不吃药也会自行好转，不能就此认定是退烧药发挥了效用。

其实，能够意识到回归谬误的存在，本身就可以减轻一些负面的影响。

无论是"一帆风顺"还是"一塌糊涂"都不会长期持续，正所谓"盛极必衰、否极泰来"，当我们认识到这一点时，更容易保持一颗平常心。

在进行自我评价时，一定要多观察自己的历史表现数据，不要因为一两次超常发挥就盲目地自信，也不要因一两次偶然的失误就自暴自弃。客观的数据能够帮助我们更加理性地认识自身的能力水平。

# 85 这件事真的只有两种选择吗?

> **虚假两分** 实际上有很多选项,却误以为只有有限选项。

"你今年的运势不好,经常会遇到烦心事。只要把这个转运符挂在房间里,就可以避免不幸;如果不挂的话,可能会遇到大麻烦。"

在正常情况下,如果有人对你说这样的话,你可能理都不理,也不可能买他的转运符。可是,当你深陷生活的泥潭不知所措时,如果对方说买了这个转运符,"你的身体会慢慢好转""你的孩子会平安",你会考虑吗?

如果你在"买"与"不买"之间反复徘徊,那你就掉进了"虚假两分"的思维陷阱。

虚假两分,是把一个可能存在多种答案的问题,假设成只有两个答案,似乎全世界所有问题都只有两面。当你把结论限制在两个以内的时候,你的视野就会被限制,思维也会遭到严重的束缚。

许多重要的问题不能用非黑即白、非是即否、非好即坏、非对即错的方式来思考和作答。那些非要让你"二选一"的人,无论是有意识还是无意识的,都只是给出了符合自身利益的选项,而忽略了其他的选项,并试图引导你作出回答。

面对"二选一"的困惑，你要试着思考：除了这两个选项，还有没有第三种可能？

第三选择不是第三个选择，而是第三维度的选择，不是折中或和稀泥，而是在一个平面的二维世界里找到第三维，在一个不可行、不可能的平面上增加一维。第三选择是要让你走出"非此即彼"的思维模式，从不同的视角和维度去看待问题。

有一句话用在这里恰如其分："如果你只会一种做事的方法，那你就和机器人无异；如果你只会两种做事的方法，你就会陷入两难的境地；如果你想真正地拥有灵活性，你就必须至少掌握三种做事的方法。"

认识虚假两分的逻辑谬误，有助于我们用开放性的思维去想问题，特别是在遇到挫折的时候，能够及时地提醒自己和他人：还有第三种可能！这样的话，就不会把一个问题往极端处想，也不会因为一次偶然的失败，就彻底丧失自信，认为人生和未来是一片黑暗。

从表面上看，遇到挫折一蹶不振，似乎是心态过于悲观，但其实是陷入了虚假两分的逻辑陷阱。稍加分析就知道，这是把人生错误地分为了两个极端，一个是正极端，一个是负极端，不是这个，就是那个，没有中间状态。

人生并不是只有两种可能，它有无限种可能，且每种可能皆有可实现的机会！高考落榜了，复读也有可能重新实现梦想；即便不复读，还可以选择专科学校；失恋了还可以再恋爱，也许能找到更适合自己的人……当你意识到第三种可能的存在时，就能从牛角尖里钻出来了，并欣喜地发现，人生不存在绝境，处处都有转机。

# 86 从来如此，便是对的吗？

> **诉诸传统** ｜ 人们常常错把传统视为判断是非的唯一标准。

有一对夫妻，丈夫好吃懒做，工作不努力，赚的钱刚够养活自己；妻子勤奋能干，在公司担任主管，养家还贷全靠她。妻子从未嫌弃丈夫，只是提出让丈夫多分担一些家务。某日，妻子下班后，发现厨房凌乱不堪，就让丈夫来收拾。丈夫有点儿不乐意，就开始跟妻子论辩。

丈夫："自古以来，家务活都是女人做的，你让我做，这本身就有问题。"

妻子："按照你的逻辑，自古以来，男人都是主外的，那你应该去外面赚钱养家。如果你能赚钱养家还贷，那我很乐意在家扫地、洗碗、做饭。"

丈夫："我怎么没有赚钱养家呀？难道只有你一个人上班？"

妻子："不要打岔，我们在说做家务的问题。你说了，按照传统，女人应该做家务，对不对？如果这样的话，我是不是要辞去工作，在家做全职太太？"

丈夫："没问题啊，只要你愿意。"

妻子："那好，我明天就辞职，刚好我们公司在裁员。你放心，我会把家里收拾得干干净净，把家务活做得很好。"

丈夫见妻子真生气了，小声说了一句："如果真是那样，日子怎么过啊？"

妻子叹了一口气，说："那不就得了！我在外面努力工作，已经分担了你赚钱养家的负担，你在家里多做点家务，帮我分担一些家务，有什么不行的呢？"

最后，丈夫被说服了，乖乖地去洗碗做饭了。

在夫妻两人的争论中，丈夫提到了"自古以来，家务活都是女人做的"，这是把古时候的一些传统习俗当成了论据。每个国家和民族都有其流传下来的传统，但这些传统中，有的是优良的，有的是糟粕，不能将传统视为判断是非的唯一标准。

在诉诸传统时，人们常常会走向两个"极端"：认为沿袭下来的一些古老传统是对的，或认为某种新潮的想法是对的。实际上，旧时的传统未必适用于现代，新潮的也未必就是好的。

时代在进步，人们的生活方式和思想观念也在进步。过去，女性的社会地位较低，接受文化教育的程度较低，这种客观情况导致了多数女性只能在家里相夫教子。但随着社会的进步，女性也开始接受和男性一样的教育，并像男性一样在社会中工作，具备了独立的经济能力，独立的思想意识，若再用古代的传统去要求女性，就不合适了。

对待传统要辩证来看，不能"一刀切"，既不能说传统就是好的，也不能说传统就是不好的，新潮的才是好的。好与不好，既要尊重现实，也要具体问题具体分析。